DOMINO

BLT

Gilles Dowek ist Forschungsbeauftragter am *Institut national de recherche en informatique et en automatique.* Hauptgegenstand seiner Arbeit sind spezielle Beweisführungsprogramme. Er ist Preisträger des *European Philips Contest for Young Scientists and Inventors.* Darüber hinaus setzt sich Gilles Dowek für die Verbreitung naturwissenschaftlichen Grundlagenwissens unter jungen Menschen ein.

GILLES DOWEK
LOGIK

Ausführungen zum besseren Verständnis
Anregungen zum Nachdenken

Aus dem Französischen von
Rudolf Brenner

DOMINO

DOMINO
Band 11

Deutsche Erstveröffentlichung
© 1995 by Flammarion
Der Originaltitel LA LOGIQUE ist in der
Collection DOMINOS, herausgegeben von Michel Serres
und Nayla Farouki, erschienen.
© für die deutschsprachige Ausgabe 1998 by BLT
BLT ist ein Imprint der Verlagsgruppe Lübbe, Bergisch Gladbach
Printed in France, November 1998
Lektorat: Nicola Bartels/Vera Thielenhaus
Einbandgestaltung: © by Flammarion
Satz: Rolf Woschei
Druck und Bindung: Groupe Hérissey, Évreux Cedex
ISBN 3-404-93011-8

Inhaltsverzeichnis

Fachbegriffe, die im Glossar näher erläutert werden,
sind bei ihrer erstmaligen Erwähnung im Text
mit einem * gekennzeichnet.

Dem Gedenken meines Vaters

Vorwort

Auf seinem Reiseweg begegnet William von Basker-
ville einer Gruppe von Mönchen, die nach einem
durchgegangenen Pferd aus einer nahegelegenen Abtei
suchen. Zum Erstaunen der Mönche nennt er ihnen den
Aufenthaltsort des Pferdes. Völlig verblüfft sind sie jedoch,
als er ihnen erklärt, er wisse außerdem, daß das Pferd
der beste Renner im Stall sei, ein Rappe mit prächtigem
Schweif und einem Stockmaß von mindestens fünf Fuß.
William hat den Ausreißer zwar nie gesehen, sich aber
ausgerechnet, in welche Richtung das Pferd gelaufen ist,
weil er die Hufspuren im Schnee genau betrachtet hat. Aus
der Regelmäßigkeit dieser Spuren hat er geschlossen, daß
das Pferd ein guter Galopper ist. Daß es sich um einen
Rappen handeln muß, hat er ganz einfach an den tief-
schwarzen Strähnen erkannt, die an den Dornen eines
Maulbeerstrauchs hingen.

Diese Episode stammt aus Umberto Ecos Roman *Der
Name der Rose*, und es gibt in der Weltliteratur eine Fülle
ähnlicher Geschichten. Von den persischen Märchen bis zu
den Erzählungen Edgar Allan Poes gehört die Fähigkeit
des logischen Schließens* zu dem Bild, das sich der
Mensch von sich selbst macht: Der Mensch als vernunft-
begabtes Wesen zeichnet sich durch das Denken aus; und
wir bewundern große Denker, ob sie nun real oder fiktiv
sind, wie zum Beispiel Ödipus, Archimedes oder Sherlock

Holmes. Schon die griechischen Philosophen befaßten sich mit dem Wesen des logischen Schließens. So verdanken wir Aristoteles eine der ersten Abhandlungen über die Logik.

Das logische Schließen gilt in unserer auf die Vernunft gegründeten Welt als positiver Wert. Insbesondere die Wissenschaften stützen sich darauf, und für die Mathematik* ist die formale Logik die einzig angemessene Methode. Und doch kennen wir über das deduktive Denken hinaus eine Reihe anderer Mittel der Wahrheitsfindung, insbesondere die Beobachtung* und den sogenannten mathematischen Kalkül*. Wann also ist es nützlich oder gar notwendig, logisch zu schließen? Unterscheidet sich das logische Schließen grundlegend vom Kalkül, oder ist es nur eine verkappte Neuformulierung des Kalküls? Ist es genauso zuverlässig wie ein Kalkül? Das sind einige der zentralen Fragen, mit denen sich die Logik beschäftigt. Die wichtigsten Antworten darauf sind mit den Namen Alonzo Church, Alan Turing, Kurt Gödel und anderen bedeutenden Logikern oder Mathematikern verbunden. Ihnen gilt der erste Teil des vorliegenden Buches.

Im zweiten Teil werden der Stellenwert und die Bedeutung der Logik innerhalb unseres Wissens untersucht. Stellt die Logik lediglich einen Diskurs über den Diskurs dar, ist sie also nur ein Denken über das Denken, oder stellt die Einsicht in das Wesen der Logik eine Hilfe für das logische, folgerichtige Denken dar?

Plato und Aristoteles
»Die Schule von Athen« *(Ausschnitt), Fresko von Raffael*

(1483-1520), Stanza della Segnatura des Vatikanpalastes. Photo © G. Dagli Orti.

Das logische Schließen

Regeln
für das logische Schließen

Eine Sache ist nicht zwangsläufig deshalb wahr,
weil ein Mensch dafür stirbt.
Oscar Wilde

Ohne die Fähigkeit des logischen Schließens könnten wir wahrscheinlich weder kommunizieren noch handeln. Wie zum Beispiel sollten wir wissen, wo es Bienenstich zu kaufen gibt, wenn wir nicht in der Lage wären, folgenden logischen Schluß abzuleiten: »Bienenstich ist ein Kuchen, Kuchen werden in der Konditorei verkauft, also wird Bienenstich in der Konditorei verkauft«?

Richtige Schlüsse

Dagegen ist der Schluß »Bienenstich ist eine leckere Sache, leckere Sachen werden in der Eisdiele verkauft, also bekommt man Bienenstich in der Eisdiele« falsch. Die griechischen Philosophen haben, wahrscheinlich überrascht von der Ähnlichkeit zwischen richtigen und falschen Schlüssen, nach Kriterien gesucht, um zwischen richtigen und falschen Schlüssen zu unterscheiden. Aristoteles (384 bis 322 v. Chr.) und die Stoiker, darunter Philon von Megara (4. Jh. v. Chr.), haben Regeln entworfen, mit denen man stets zu richtigen Schlüssen gelangt. Eine der aristotelischen Regeln lautet: »Alle A sind B, alle B sind C; folglich gilt: Alle A sind C.«

Wenn wir für A, B und C die Ausdrücke »Bienenstich«, »Kuchen« und »wird in der Konditorei verkauft« nehmen, dann gelangen wir zu dem oben angeführten Schluß. Wenn wir dafür die Begriffe »Detektive«, »intelligent« und »exzentrisch« nehmen, dann ergibt sich folgender Schluß: »Detektive sind intelligent, intelligente Leute sind exzentrisch; also sind Detektive exzentrisch.«

Egal, welche Aussagen wir für A, B und C nehmen, wir gelangen immer zu einem richtigen Schluß. Das heißt: Die Konklusion* (Schlußfolgerung) ist wahr, wenn die Prämissen* (Voraussetzungen) wahr sind. Im Mittelpunkt der aristotelischen Lehre vom Schluß steht der sogenannte Syllogismus, der aus drei Teilen besteht: einem allgemeinen Obersatz, einem speziellen Untersatz (die zusammen die Prämissen darstellen) und der Folgerung. Wenn wir die Ausdrücke »Bienenstich«, »Kuchen« und »wird in der Eisdiele verkauft« nehmen, dann gelangen wir zu folgendem Schluß: »Bienenstich ist ein Kuchen, Kuchen wird in der Eisdiele verkauft; Bienenstich wird also in der Eisdiele verkauft.«

Hier handelt es sich um einen formal korrekten Schluß. Die Schlußfolgerung aber ist falsch, weil eine der Prämissen ebenfalls falsch ist.

Als erstes halten wir fest, daß die Gültigkeit (oder Richtigkeit) eines Schlusses ausschließlich von seiner Form abhängt (deshalb sprechen wir von formaler Logik) und nicht von der Bedeutung der Wörter, die darin vorkommen.

Dennoch genügt es nicht, logisch korrekt oder richtig zu schließen, um Fehler zu vermeiden. Der Schluß »Marilyn Monroe ist ein Star, Stare sind Höhlenbrüter und Zugvögel; also ist Marilyn Monroe ein Höhlenbrüter und

Zugvogel« ist in logischer Hinsicht richtig. Der Schluß jedoch ist falsch, obwohl die Prämissen richtig sind. Der Fehler liegt natürlich in der Verwechslung zweier Bedeutungen des Wortes »Star«. Weil es um zwei verschiedene Bereiche geht, wäre es besser, auch zwei unterschiedliche Begriffe zu verwenden. Um richtig zu schließen, muß man also vorher die benutzten Begriffe aus dem Gewirr von Homonymen, Metaphern, Metonymien, Symbolen, Neologismen und Konnotationen (Bedeutungen) herauslösen, in das sie eingeflochten sind. Dazu bedarf es einer Sprache, wie sie George Orwell in seinem Roman *1984* entworfen hat. In dieser Sprache ist der Satz »Alle Menschen sind gleich« falsch, weil er bedeutet, daß alle Menschen nach Größe, Gewicht, Kraft usw. gleich sind.

Da die Logik eine vorhergehende Definition der Begriffe voraussetzt, bezieht sie sich nicht unmittelbar auf Schlüsse des täglichen Lebens. Die Frage lautet daher, ob es möglich ist, diese Unklarheiten und Mehrdeutigkeiten in der umgangssprachlichen Bedeutung der Wörter zu beseitigen. Das wirft andererseits die Frage auf, ob eine derart präzise, von Mehrdeutigkeiten gereinigte Sprache nicht ihre Ausdruckskraft verlieren würde. Es gibt zwei mögliche Antworten auf diese Fragen. Die eine Partei sagt, auch wenn die Wörter vieldeutig sind, so sind doch die Begriffe klar; und auch wenn wir das gleiche Wort »Star« benutzen, so sind wir doch imstande, die verschiedenen Konnotationen zu unterscheiden. Das logische Schließen bezieht sich direkt auf die Begriffe, die nur unvollkommen in der Sprache umgesetzt werden. Es bildet also das Gerüst jenes alltäglichen Denkens, das man – jedenfalls theoretisch – in einer Sprache ausdrücken könnte, in der die Begriffe klar definiert sind. Eine der Funktionen der Philosophie liegt gerade darin, »Begriffe zu bilden«, das heißt, die Bedeutung eines Wortes aus dem nebulösen Geflecht von verschiedenen Bedeutungen herauszulösen, die es in der All-tagssprache besitzt. Eine andere Partei wiederum meint, daß bestimmte Begriffe, insbesondere moralisch-geistige Werte wie Gleichheit und Freiheit, ihrem Wesen nach offene und globale Begriffe sind und daß es sinnlos wäre, sie auf eine bestimmte Bedeutung einzuschränken. Nach dieser Auffassung bezieht sich die Logik folglich nur auf einen kleinen Bereich des Denkens, auf den Bereich, in dem Begriffe eindeutig festgelegt werden, also nur auf das wissenschaftliche Denken. Dieses Streben nach Genauigkeit ist in der Tat die Grundlage jeder wissenschaftlichen Methode: In der Geometrie* gibt es keinen Teufelskreis und genausowenig einen Freundeskreis. Der Kreis ist dort lediglich der geometrische Ort aller Punkte einer Ebene, die von einem festen Punkt, dem Mittelpunkt des Kreises, die gleiche Entfernung haben. Ähnlich gibt es in der Physik weder das Gewicht der Worte noch die Last der Schuld. Das Gewicht in der Physik ist diejenige Kraft, mit der ein Körper infolge der Erdanziehung zum Erdmittelpunkt hingezogen wird.

Die Bestandteile logischer Sätze

Aristoteles hat den Gegensatz zwischen den Gegenständen und deren Eigenschaften (Prädikaten) klar und deutlich herausgearbeitet. Die Wörter »Sherlock Holmes« zum Beispiel kennzeichnen einen besonderen Gegenstand (Objekt), während das Wort »Detektiv« eine bestimmte Eigenschaft bezeichnet, die manche Gegenstände (Objekte) besitzen oder aufweisen, manche wiederum nicht. Die einfachsten Sätze werden gebildet, indem man einen Gegenstand (Objekt) und eine Eigenschaft mit dem Hilfsverb »sein« oder dessen Negation verbindet: »Sherlock Holmes ist Detektiv«, »Arsène Lupin ist nicht (ist kein) Detektiv«. Aber Aristoteles interessiert sich nicht allzusehr für Sätze, die sich auf einen besonderen Gegenstand beziehen. Sein Hauptaugenmerk gilt vielmehr den allgemeinen Sätzen*, die bestimmte Eigenschaften miteinander verknüpfen: also Sätzen mit der Aussage, daß alle Gegenstände mit der Eigenschaft A auch eine Eigenschaft B aufweisen oder besitzen (»Alle Detektive sind intelligent«) und Sätzen mit der Aussage, daß einige Gegenstände mit der Eigenschaft A auch eine Eigenschaft B besitzen (»Einige Detektive sind berühmt«), sowie den jeweils dazugehörigen Negationen.

Wilhelm von Ockham (1285-1349) hat die Objekte in die aristotelische Syllogistik integriert. Auf diese Weise ist nunmehr folgender Schluß möglich: »Alle Detektive sind intelligent, Sherlock Holmes ist Detektiv; also ist Sherlock Holmes intelligent.«

Mit den Stoikern treten dann auch Sätze auf, die mit Hilfe von Konjunktionen (Bindewörtern) gebildet werden. Man kann zum Beispiel mit der Konjunktion »und« und den Sätzen »Sherlock Holmes ist Detektiv« sowie »Arsène Lupin ist Einbrecher« den Satz bilden: »Sherlock Holmes ist Detektiv, und Arsène Lupin ist Einbrecher«. Die Logiker der Antike und des Mittelalters beschäftigten sich zwar mit der Eigenschaft eines Gegenstandes, kannten aber noch nicht die Begriffsbildung über die Relation (Beziehung) zwischen mehreren Gegenständen. In dem Satz »Romeo liebt Julia« erkannten sie eine Eigenschaft, nämlich »Julia lieben«, die sich auf ein Objekt, »Romeo«, bezog. Sie sahen darin jedoch nicht eine Beziehung »lieben«, die sich auf die beiden Gegenstände »Romeo« und »Julia« bezog. Folglich war für die antiken Schriftsteller der Ausdruck »Julia lieben« eine allgemeine Aussage, die sie nicht in ihre Einzelbestandteile zerlegten. Außerhalb ihrer Überlegungen lagen daher Sätze wie »Jeder liebt (irgend) jemanden« oder »Jeder liebt jeden« – Sätze also, in denen sowohl Subjekt als auch Objekt allgemeiner Natur sind. Erst mit den Arbeiten von Gottlob Frege (1848-1925) konnten die Logiker die Beziehungen *zwischen* den Objekten in Betracht ziehen. Frege berücksichtigt Beziehungen, die sich auf zwei, drei und mehr Gegenstände erstrecken. Die Eigenschaften gelten als besondere Relationen, die sich auf einen einzigen Gegenstand beziehen.

Sobald man mittels Relationen Schlüsse zieht, reicht das Verfahren zur Bildung allgemeiner Sätze mit den Pronomen »jeder« und »irgend jemand/irgendeiner« nicht mehr aus, denn es führt sehr schnell zu Mißverständnissen. Wenn man zum Beispiel sagt, daß »jeder irgend jemanden liebt«, dann kann das bedeuten, daß es irgend jemanden gibt, den alle lieben (zum Beispiel Marilyn Monroe), oder es bedeutet, daß jeder jemanden liebt, ohne daß jeder zwangsläufig dieselbe Person liebt. Um dieses Mißverständnis auszuräumen, haben Gottlob Frege und Charles Sanders Peirce (1839-1914) eines der Schlüsselverfahren aus der Sprache der Mathematik übernommen: die Verwendung von Variablen*.

Die Variablen wurden in der Mathematik eingeführt, um Gegenstände zu bezeichnen, die teilweise noch nicht festgelegt oder unbekannt waren. Vor der Einführung der Variablen mußte man sagen: »Wie lautet die Zahl, die mit 37 multipliziert 666 ergibt?« Oder: »Wer ist die Gestalt, die Detektiv ist und in der Baker Street wohnt?« François Viète (1540-1603), im Hauptberuf Jurist, daneben aber auch ein bedeutender Mathematiker, kam auf die Idee, solche Objekte mit Buchstaben, mit den Variablen also, zu bezeichnen – wie in der Rechtssprache, die auf diese Weise noch unbekannte Personen bezeichnet (zum Beispiel, wenn man »Anzeige gegen Unbekannt« erstattet). Seit

Viète kann man folgendes sagen: »Wie lautet die Zahl x, so daß x mal 37 gleich 666 ist?« Oder: »Wie heißt die Person x, so daß x Detektiv ist und x in der Baker Street wohnt?« Der Buchstabe x, der oft als Variable verwendet wird, kommt aus dem Griechischen χ (chi), das wiederum eine Variante des arabischen Wortes *chay'* darstellt, das eine »Sache« bezeichnet.

Frege und Peirce haben vorgeschlagen, daß man die Ausdrücke »alle«, »jeder« oder »irgendein« durch Variablen ersetzt, deren Bedeutung und Bezug man anschließend kennzeichnet. Um zum Ausdruck zu bringen, daß jeder Marilyn Monroe liebt, sagt man: »Für alle x gilt, daß x Marilyn Monroe liebt«; und um auszudrücken, daß es eine Person gibt, die jeder liebt, sagt man: »Es gibt y, so daß für alle x gilt, daß x y liebt.« Dieser Satz unterscheidet sich demnach von dem Satz »Für alle x gilt, daß es y gibt, so daß x y liebt«, der bedeutet, daß jeder eine bestimmte Person liebt, ohne daß alle zwangsläufig dieselbe Person lieben.

Am Ende des 19. Jahrhunderts hat man also die wesentlichen Bestandteile logischer Sätze definiert: 1. die Gegenstände (Objekte) und die Beziehungen (Relationen), die es ermöglichen, einfache Sätze zu bilden; 2. die Konjunktionen »und« sowie »oder«, die Negation »nicht«, die Implikation »wenn« usw., welche die Bildung dieser Sätze ermöglichen; und schließlich 3. die Variablen und Ausdrücke (Formeln) »für alle x gilt« und »es gibt ein x«, die es möglich machen, allgemeine (generalisierende) Sätze zu bilden. Man nennt diese allgemeingültigen Sätze auch Allsätze.

Eine Sprache für die Logik

Die natürlichen Sprachen erweisen sich also in vielerlei Hinsicht als untauglich für den Bereich der Logik. Da die Bedeutung der Wörter vielschichtig ist, müssen zunächst einmal die Begriffe klar definiert werden. Auch die Verfahren, allgemeine Sätze zu formulieren, können zu Mißverständnissen führen. Es ist daher besser, Variablen zu benutzen.

Außerdem sind die natürlichen Sprachen mit einer ziemlich komplexen Grammatik belastet, die für die Darstellung von logischen Schlüssen ungeeignet ist. In den natürlichen Sprachen gibt es zum Beispiel viele grammatikalische Kategorien, die in logischer Hinsicht gleichwertig sind. In den Sätzen »Sherlock Holmes denkt nach«, »Sherlock Holmes ist Detektiv« und »Sherlock Holmes ist intelligent« schreibt man einem bestimmten Individuum eine bestimmte Eigenschaft zu. Die Tatsache, daß diese Eigenschaft mit einem Verb (»nachdenken«), einem Gattungsnamen (»Detektiv«) oder einem Adjektiv (»intelligent«) ausgedrückt wird, ist ein unerhebliches Detail ohne jede logische Bedeutung. Ebenso ist die Flexion der Verben eine unnötige Redundanz in logischer Hinsicht: Die Tatsache, daß man in dem Satz »Sherlock Holmes denkt nach« »denkt nach« statt »nachdenkt« schreibt, hat für die Logik keinerlei Bedeutung. Genauso könnte man auf Personalpronomina verzichten, wenn man Wiederholungen zuläßt. Dann könnte man zum Beispiel schreiben »Sherlock Holmes ist Detektiv, und Sherlock Holmes ist intelligent« anstatt »Sherlock Holmes ist Detektiv, und er ist intelligent« usw.

Die Logiker müssen also die natürlichen Sprachen verändern, in sie eingreifen und formalisierte Kunstsprachen entwickeln, die all diese Nachteile beheben. Aus den natür-

**Die Arithmetik
nach Giuseppe Peano
(1858-1932)**

*Das Peanosche Axiomensystem:
Auf der Suche
nach einer Kunstsprache.*

lichen Sprachen wird nur das logisch Relevante beibehalten. In diesen Kunstsprachen gibt es lediglich drei unterschiedliche grammatikalische Kategorien: 1. die Symbole für das Individuum, 2. die Funktion und 3. die Relation (sogenannte Individuen-, Funktions- und Prädikatsausdrücke). Um einen Gegenstand zu bezeichnen, kann man einen Individuenausdruck wie »Sherlock Holmes«, »Baker Street« oder »Paris« verwenden. Man kann einen Gegenstand auch indirekt bezeichnen, wie zum Beispiel in dem Ausdruck: »Frankreichs Hauptstadt«. Dieser Ausdruck besteht aus einem Wort (»Hauptstadt«), das von einem oder mehreren Gegenständen (»Frankreich«) charakterisiert werden muß. Ein solches Wort nennt man Funktionsausdruck. Dann bildet man einfache Sätze mit einem Prädikatsausdruck und einem oder mehreren Gegenständen, zum Beispiel: »Sherlock Holmes ist Detektiv« oder »Sherlock Holmes wohnt in der Baker Street«. Die zusammengesetzten Sätze werden mit der Negation »nicht« und den Konjunktionen »und« oder »oder«, »wenn« usw. gebildet. Zum Beispiel: »Sherlock Holmes ist Detektiv, und Arsène Lupin ist Einbrecher«. Schließlich brauchen wir noch ein Verfahren, mit dem man klar und unmißverständlich allgemeine Aussagen machen kann, die sich auf alle Gegenstände des untersuchten Bereichs, des Individuenbereichs* oder auf einen nicht näher gekennzeichneten Gegenstand beziehen. (In der Logik bezeichnet das Wort Individuum einen einzelnen, individuellen Gegenstand oder ein einzelnes Objekt.) Dafür verwendet man, wie wir schon gesehen haben, die Variablen und die Formeln »für alle x gilt« und »es gibt ein x«.

Die Idee, solche unmißverständlichen Kunstsprachen gezielt zu entwickeln, ist sehr alt. Wir verdanken sie dem katalanischen Dichter und Philosophen Raimundus Lullus (1235-1316), der als erster das Ziel ins Auge faßte, universelle Kalküle zur Entscheidung der Wahrheit beliebiger Aussagen zu entwickeln. Der Universalgelehrte Gottfried Wilhelm Leibniz (1646-1716) und der englische Mathematiker und Logiker George Boole (1815-1864) haben diese Ideen wieder aufgegriffen, jedoch ohne konkreten Erfolg. Erst Gottlob Frege gelang es, eine solche Sprache konsequent zu entwickeln. 1879 erschien seine »Begriffsschrift, eine der arithmetischen nachgebildete Formelsprache des reinen Denkens«. Von Lullus bis Frege haben die Logiker versucht, auf die natürlichen Sprachen zu verzichten. Die neuere Entwicklung dagegen steht im Zeichen einer seltsamen Kehrtwendung: Seit Ende der sechziger Jahre ist mit den Arbeiten des amerikanischen Linguisten und Logikers Richard Montague (1930-1971) die Frage nach dem Ausdruck des logischen Sinnes in den natürlichen Sprachen wieder aktuell. Es geht aber nicht mehr darum, der Logik geeignete Sprachen zu liefern, sondern sie als Hilfsmittel zu benutzen, um die Konstruktionsverfahren in den natürlichen Sprachen besser zu verstehen.

Teile eines Puzzles

Nachdem man das Vokabular der Logiksprache klar definiert hat, kann man sich mit dem logischen Schließen selbst und dessen Darstellung beschäftigen. In einem logischen Schluß geht es primär darum, einen Satz aus anderen, vorausgegangenen Sätzen (den Prämissen), deren Wahrheit schon feststeht, abzuleiten. Zum Beispiel kann man den Satz »B« aus den Sätzen »Wenn A, dann B« und »A« ableiten. Wenn man schon folgendes weiß: »Wenn Sherlock Holmes Detektiv ist, dann ist Sherlock Holmes intelligent« sowie »Sherlock Holmes ist Detektiv«, dann kann man daraus schließen, daß »Sherlock Holmes intelligent ist«. Ebenso kann man den Satz »A« aus dem Satz »A und B« ableiten. Wenn man bereits weiß, daß »Sherlock Holmes Detektiv und Arsène Lupin Einbrecher ist«, dann kann man daraus schließen, daß »Sherlock Holmes Detektiv ist«. Noch interessanter ist, daß man einen allgemeinen Satz anwenden kann, um ihn auf einen Spezialfall zu beziehen. Aus dem Satz »Für alle x gilt, (daß) A« kann man den Satz »A« ableiten, indem man die Variable x durch einen Ausdruck ersetzt, der irgendeinen Gegenstand bezeichnet. Wenn man bereits weiß, daß alle Detektive intelligent sind (»Für alle x gilt, wenn x Detektiv ist, dann ist x intelligent«), dann kann man daraus schließen: »Wenn Sherlock Holmes Detektiv ist, dann ist Sherlock Holmes intelligent«. Diese und andere Regeln werden Deduktionsregeln* genannt.

Die Formalisierung der Sprache läßt die logische Form der Sätze deutlich hervortreten: Es gibt Sätze des Typs »A und B«, des Typs »wenn A, dann B« und des Typs »für alle x gilt, A« und so weiter. Diese Sätze sind wie die Teile eines Puzzles. Die Deduktionsregeln geben an, wie man sie zusammensetzen kann: Ein Puzzleteil des Typs »wenn A, dann B« verbindet sich mit einem Teil des Typs »A«, um ein neues Teil des Typs »B« zu bilden, das man wiederum mit anderen Teilen zusammensetzen kann usw.

Indem man ausschließlich die Deduktionsregeln anwendet, kann man die Wahrheit folgender Sätze beweisen bzw. die folgenden Sätze ableiten: »Wenn Sherlock Holmes Detektiv ist, dann ist Sherlock Holmes intelligent«. Aber folgenden Satz kann man nicht ableiten: »Sherlock Holmes ist intelligent«. Neben den Deduktionsregeln muß es aber auch die Möglichkeit geben, Axiome* festzulegen, das heißt Sätze, deren Gültigkeit ohne Argumentation angenommen wird, an deren Wahrheit nicht gezweifelt wird. Ein Axiomensystem nennt man eine Theorie*. Ein Schluß, der die Wahrheit eines Satzes S beweist (also ein Beweis* des Satzes S), ist eine Folge von Sätzen, die mit dem Satz S endet, so daß jeder einzelne dieser Sätze entweder ein

Axiom ist oder aus vorausgegangenen Sätzen mit Hilfe einer Deduktionsregel abgeleitet wurde.

Nehmen wir ein Beispiel und legen drei Axiome fest: Sherlock Holmes ist Detektiv, Detektive sind intelligent, intelligente Leute sind exzentrisch.

1. Sherlock Holmes ist Detektiv.
2. Für alle x gilt, wenn x Detektiv ist, dann ist x intelligent.
3. Für alle x gilt, wenn x intelligent ist, dann ist x exzentrisch.

Die Satzfolge

– Für alle x gilt, wenn x Detektiv ist, dann ist x intelligent.
– Wenn Sherlock Holmes Detektiv ist, dann ist Sherlock Holmes intelligent.
– Sherlock Holmes ist Detektiv.

– Sherlock Holmes ist intelligent. [Bewiesener Satz]

ist ein richtiger Schluß, der die Gültigkeit (Wahrheit) des Satzes »Sherlock Holmes ist intelligent« beweist (das Ende der Beweiskette wird üblicherweise mit einer Linie markiert, unter der der bewiesene Satz steht). Denn der erste Satz ist ein Axiom, der zweite Satz wird aus dem ersten abgeleitet, indem man die Variable x durch die Wörter »Sherlock Holmes« ersetzt. Der dritte Satz ist wieder ein Axiom, und der letzte Satz wird aus dem zweiten und dritten Satz abgeleitet.

Mit einem anderen Schluß (der mehr Deduktionsregeln anwendet als diejenigen, die wir bisher vorgestellt haben) kann man beweisen, daß alle Detektive exzentrisch sind.

- Für alle x gilt, wenn x Detektiv ist, dann ist x intelligent.
- Wenn x Detektiv ist, dann ist x intelligent.
- Für alle x gilt, wenn x intelligent ist, dann ist x exzentrisch.
- Wenn x intelligent ist, dann ist x exzentrisch.
- Wenn x Detektiv ist, dann ist x exzentrisch.

- Für alle x gilt, wenn x Detektiv ist, dann ist x exzentrisch.

Alle Schlußschemata, die mit den aristotelischen Regeln erstellt werden konnten, können auch mit den modernen Deduktionsregeln erstellt werden.

Weshalb sollte man den Axiomen glauben?

Mit dem Begriff des Axioms ergibt sich ein erstes Problem. Die Notwendigkeit, Axiome festzulegen, um logisch schließen zu können, erklärt nicht, warum man bereit ist, sie als wahre, unumstößliche Grundsätze anzuerkennen. Warum ist man zum Beispiel bereit zu glauben, daß Sherlock Holmes Detektiv ist? Aus berechtigter Skepsis sollte man sich weigern, etwas zu glauben, was nicht bewiesen ist. Wenn man umgekehrt keine Lust mehr hat, nach einem geeigneten logischen Schluß zu suchen, könnte man beschließen, das zu Beweisende als Axiom festzulegen. Das würde das Problem sofort lösen (oder eher geschickt umgehen).

In der Antike wurden die Axiome als evidente, einleuchtende Grundsätze betrachtet. Wir können das Axiom festlegen, nach dem Sherlock Holmes intelligent ist, weil dies eine klare, eindeutige Sache ist. Dafür muß aber ein

Satz, der nicht unmittelbar einleuchtet, bewiesen werden. Es drängt sich aber doch die Frage auf, wieso die Tatsache, daß Sherlock Holmes Detektiv ist, etwas Einleuchtendes, Selbstverständliches sein soll. Ähnlich kann man sich fragen, warum man glaubt (oder warum man weiß), daß alle Rubine rot sind. Es ist nicht das Ergebnis einer vollständigen Induktion*, denn niemand hat je sämtliche auf der Erde bekannten Rubine untersucht. Man kann sich vorstellen, daß man bis jetzt eben nur rote Rubine beobachtet und daß man daraus ein allgemeines Gesetz abgeleitet hat. Dennoch wird man es nicht für einen Zufall halten, daß man bisher nur rote Rubine gefunden hat. Denn wenn man einen grünen Stein findet, dann nennt man ihn nicht »Rubin«. Die Farbe ist also Bestandteil der Definition des Rubins. Das Faktum, daß alle Rubine rot sind, ist weder eine Evidenz noch eine Tatsache, die aus Beobachtungen abgeleitet wurde. Es ist ein Bestandteil der Definition des Wortes »Rubin«.

Ähnlich verhält es sich mit den Axiomen einer Theorie. Das Axiom »Sherlock Holmes ist Detektiv« ist nur deshalb evident, weil die Wörter »Sherlock Holmes« und »Detektiv« für uns eine präzise Bedeutung haben. Diese Bedeutung könnte man formulieren, indem man die Wörter in eine andere Sprache überträgt, aber in der Ausgangssprache kann man sie nur formulieren, indem man Axiome festlegt, an denen wir nicht zweifeln. Diese Axiome drücken also die Bedeutung der Wörter aus. Wenn jemand vorschlagen würde, folgendes Axiom festzulegen: »Sherlock Holmes ist Einbrecher«, dann würde dies lediglich bedeuten, daß er den in diesem Satz verwendeten Wörtern nicht dieselbe Bedeutung zuschreibt (vielleicht denkt er an Arsène Lupin, wenn er »Sherlock Holmes« sagt, oder an den Beruf des Einbrechers, wenn er »Detektiv« sagt, oder er denkt an etwas ganz anderes). Ähnlich ist es mit den

24

Deduktionsregeln, die die Bedeutung der Wörter »und«, »wenn«, »für alle x gilt« usw. zum Ausdruck bringen. Daß man den Satz »A« aus dem Satz »A und B« ableiten kann, ist ein Bestandteil der Bedeutung des Wortes »und«.

Der französische Mathematiker Henri Poincaré (1854-1912) hat diesen Gedanken klar formuliert, als er sagte: »Die geometrischen Axiome sind weder synthetische Urteile a priori noch experimentelle Tatsachen. Es sind auf Übereinkunft beruhende Festsetzungen; mit anderen Worten: Die geometrischen Axiome sind nur verkleidete Definitionen«. Die geometrischen Axiome einer Theorie sind also Konventionen. Das bedeutet aber nicht unbedingt, daß die Wörter nur Zusammensetzungen bedeutungsleerer Zeichen darstellen, sondern vielmehr, daß man die Spielregeln klar formulieren muß, auch wenn man eine intuitive Wahrnehmung der Gegenstände hat, über die man spricht. Frege und vor allem Ludwig Wittgenstein (1889-1951) haben Poincarés Gedanken konsequent weitergeführt, indem sie die Bedeutung eines Wortes und dessen Anwendung in die Sprache integriert haben.

Chronik einer angekündigten Hochzeit

Der Mathematiker Poincaré mag im Kreise der Philosophen vielleicht überraschen. Aber es waren die Mathematiker, die seit Menschengedenken nachdrücklich die Bedeutung der formalen Logik in ihrer Wissenschaft hervorgehoben haben. Sie haben aus der Logik eine grundlegende Voraussetzung ihrer Methode gemacht. Deshalb ist es verwunderlich, daß der griechische Mathematiker Euklid (3. Jh. v. Chr.) sich nicht auf die Logiken des Aristoteles oder der Stoiker stützt, wenn er versucht, die Geometrie zu begründen, indem er von einer kleinen Anzahl Axiome ausgeht und alle anderen Sätze mit logischen Schlüssen herleitet. Das liegt daran, daß zur Zeit Euklids die Mathematiker effizientere Begriffsbildungen benötigten als die, welche die Logiker ihnen bieten konnten. Denn wie sollte ohne den Begriff der Relation eines der ersten geometrischen Axiome, das Parallelenaxiom, formuliert werden, das da lautet: »Zu einer Geraden gibt es durch einen Punkt eine einzige parallele Gerade, die diese im Unendlichen schneidet.«

Umgekehrt, wenn Euklid tatsächlich versucht, seine logischen Folgerungen aus den Axiomen zu gewinnen, dann sind seine Bemühungen um logische Strenge noch nicht ausgeprägt und deutlich genug. Es ist nicht so, daß bei ihm die Form des Beweises über dessen Richtigkeit entscheiden würde. Euklid stützt sich noch weitgehend auf seine Intuition der mathematischen Objekte, wenn er zum Beispiel ohne Beweis annimmt, daß in einem Dreieck ABC eine Gerade, die die Seite AC schneidet, auch die Seite AB oder BC schneidet (vgl. Abb).

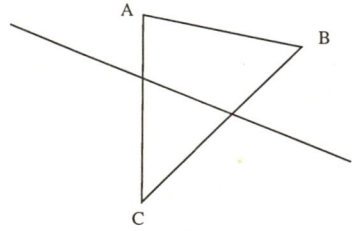

Erst in den Arbeiten des deutschen Logikers und Mathematikers Moritz Pasch (1843-1930) wurde dies als eines der geometrischen Axiome anerkannt. Moritz Pasch und sein Kollege David Hilbert (1862-1943) haben die euklidische Geometrie neu formuliert. Sie gingen hinsichtlich logischer Strenge und Lückenlosigkeit der Begriffe erstmals wesentlich über die »Elemente« des Euklid hinaus. Außerdem gab es seit Euklid zwar geometrische Axiome, aber erst im 19. Jahrhundert wurden für andere Teilgebiete der Mathematik Axiomensysteme entwickelt: Der italienische Mathematiker Giuseppe Peano (1858-1932) zum Beispiel hat im Bereich der Arithmetik ein Axiomensystem zur Festlegung der Menge der natürlichen Zahlen entworfen.

Es gibt also zwei parallel verlaufende Entwicklungen. Auf der einen Seite die Heranbildung der klassischen Logik, die auf der Basis zunehmender Genauigkeit allmählich an Ausdruckskraft gewonnen hat. Auf der anderen Seite die Entwicklung der mathematischen Logik, die umgekehrt, auf die Ausdrucksmöglichkeiten gestützt, zunehmend Präzision und Stringenz entwickelt hat. Am Ende des 19. Jahrhunderts konnten beide Entwicklungen endlich ineinander münden. Hilberts und Peanos Theorien waren stringent genug, so daß man nunmehr behaupten konnte, die Gültigkeit ihrer Beweise beruhe ausschließlich auf deren Form. Mit Hilfe der von Frege entwickelte Logiksprache gelang es schließlich, diese Theorien adäquat zu formulieren.

Die Logik hat in der Folgezeit in der Mathematik unendlich viele Anwendungsmöglichkeiten gefunden. Solange sich die Mathematik ausschließlich auf das logische Schließen stützte, mußte jede Entwicklung innerhalb der Logik Einfluß auf die Mathematik haben. Umgekehrt hat sich die Mathematik geöffnet und jeden Diskurs zugelassen, sofern er auf logischen Schlußfolgerungen gründete. Die Mathematik wurde nicht mehr über ihren Gegenstand (die Zahlen und die geometrischen Figuren), sondern über ihre Methode (die formale Logik) definiert.

In diesem Sinn spricht man von mathematischer Physik, Wirtschaftsmathematik, mathematischer Lingustik und so weiter, um die Teilgebiete dieser Wissenschaften zu bezeichnen, die auf abstrakten Konzepten beruhen und sich ausschließlich auf die formale Logik stützen. So wurde auch der Bereich der Logik, der von den abstrakten Konzepten handelt und sich einzig auf das logische Schließen stützt, seit Boole die mathematische Logik genannt. Das logische Schließen (die Schlußlehre) ist somit gleichzeitig der Gegenstand und die Methode der mathematischen Logik.

Beobachtungen, Kalküle
und Schlüsse

Inwiefern kommt der Schlußlehre eine besondere Bedeutung zu?

Wir verfügen schließlich auch über andere Mittel der Wahrheitsfindung. Warum also einen komplizierten Schluß erstellen, um zu erfahren, daß die Konditorei um die Ecke Bienenstich verkauft, wenn es doch genügt, einen Blick in die Auslage zu werfen? Und warum soll man einen Beweis führen, um zu erfahren, daß 18 mal 37 gleich 666 ist, wenn man lediglich die Multiplikation auszuführen braucht? Warum also logisch schließen, wenn es so einfach ist, zu beobachten oder zu berechnen? Die Antwort ist simpel: Beobachtung und Berechnung (Kalkül) sind leider nicht immer möglich.

Im Wunderland

Die Beobachtung ist manchmal aus rein technischen Gründen nicht möglich. Man kann den Bienenstich in der Auslage der Konditorei sehen, wenn diese offen ist, aber nicht, wenn der Rolladen heruntergezogen ist. Außerdem ist in manchen Fällen die Beobachtung schlicht unmöglich. Wir bedienen uns der Sprache, um über Dinge zu reden, die sich in unserer sinnlich wahrnehmbaren Welt abspielen, aber auch, um Geschichten zu erzählen – Geschichten, die in imaginären Welten spielen, in denen sich zum Beispiel Rosen erkälten oder Affenbrotbäume auf Asteroiden wachsen. In dieser Art von Diskurs sind die Objekte nicht sinnlich wahrnehmbar, und die Beobachtung ist unmöglich. Es hat keinen Sinn, in ein Teleskop zu schauen, um zu erfahren, ob auf dem Planeten des Kleinen Prinzen Affenbrotbäume wachsen, denn es ist kein Ereignis, das im Kosmos stattfindet.

So unterscheidet man in den Wissenschaften einerseits die empirischen Wissenschaften* (Erfahrungswissenschaften oder Realwissenschaften wie die Physik, die Biologie, die Anthropologie usw.), die die von uns erfahrene Welt erforschen, und die Mathematik, die abstrakte Gegenstände untersucht. Wie die Affenbrotbäume des Kleinen Prinzen haben auch die mathematischen Gegenstände keine sinnlich wahrnehmbare, keine materielle Wirklichkeit. Jeder von uns hat schon einmal vier Äpfel gesehen, aber keiner hat je die Zahl 4 gesehen.

Kalküle und Schlüsse

Auch wenn der Gegenstand des Diskurses abstrakt und die Beobachtung nicht mehr möglich ist, bleibt uns immer noch der Kalkül. Zum Beispiel ist es nicht notwendig, einen Schluß zu erstellen, um zu beweisen, daß die Aussage »Iokastes Ehemann ist der Vater von Ödipus« richtig ist. Man braucht nur die beiden Satzteile »Iokastes Ehemann« und »der Vater von Ödipus« zu betrachten. Beide verweisen uns auf den gleichen Namen: »Laios« – woraus wir schließen können, daß der Satz richtig ist (wie auch der Satz »Iokaste und Laios sind die Eltern von Ödipus«). Ähnlich verhält es sich mit dem Satz »Das Wort ›tot‹ ist ein Palindrom«. Ein Palindrom nennt man ein Wort oder eine

Folge von Wörtern, die man mit demselben Resultat von links nach rechts oder von rechts nach links lesen kann. Es ist nicht notwendig, die Gültigkeit dieses Satzes mit einem Schluß nachzuweisen. Es genügt die Probe aufs Exempel: Man braucht lediglich das Wort umzudrehen und zu testen, ob man das gleiche Wort vor sich hat. Schließlich braucht man keinen Beweis, um aufzuzeigen, daß 18 mal 37 gleich 666 ist. Es genügt, beide Zahlen miteinander zu multiplizieren.

Diese Sätze geben in ihrer Formulierung selbst bekannt, welche Regeln angewendet werden müssen, um zu entscheiden, ob sie richtig oder falsch sind. Dieses Verfahren nennt man einen Kalkül, und man sagt, daß diese Sätze aus einem Kalkül ableitbar sind.

Der Begriff bedarf einer näheren Erläuterung. Das Wort Kalkül leitet sich her von den Steinchen (*calculi*), mit deren Hilfe früher gerechnet wurde. Ein anderes Wort zur Bezeichnung von Kalkülen ist der Begriff des Algorithmus. Der Kalkül bezeichnet in der formalen Logik die Gesamtheit der Axiome und Sätze eines logischen oder mathematischen Systems, also ein System von Zeichen und Figuren sowie deren Herstellungsverfahren aus Grundfiguren und den dazugehörigen Operationsregeln, die sich ausschließlich auf die Form und niemals auf den Sinn dieser Zeichen beziehen. In der Mathematik versteht man unter einem Kalkül eine durch ein System von Regeln festgelegte formale Methode, mit deren Hilfe gewisse Klassen mathematischer Probleme systematisch behandelt und automatisch gelöst werden können (z.B. die Grundrechenarten).

Der Kalkül in dieser Bedeutung beschränkt sich nicht auf die Zahlen, er kann sich auf jeden konkreten oder abstrakten Gegenstand beziehen. Alle Theorien beginnen mit einfachen, elementaren Sätzen, die in ihrer Formulierung die Operationsregeln angeben, die angewendet werden müssen, um deren Gültigkeit zu beweisen.

Aber der Kalkül stößt sehr schnell an seine Grenzen. Man kann beweisen, daß der erste und der letzte Buchstabe des Wortes »tot« identisch sind. Man kann weiter nachweisen, daß es sich ähnlich verhält bei dem Wort »Anna« oder in dem Satz (gleichzeitig ein Satzpalindrom) »Ein Neger mit Gazelle zagt im Regen nie«. Wenn man genauer hinsieht, kann man sich fragen, ob dahinter nicht zufällig eine allgemeine Regel steckt: daß nämlich der erste und der letzte Buchstabe eines Palindroms immer gleich sind. Es läßt sich auch beweisen, daß 0 + 0 gleich 0 ist, weiter daß 1 + 0 gleich 1 ist, daß 2 + 0 gleich 2 ist, daß 3 + 0 gleich 3 ist usw. – und auch in diesem Fall wird wieder eine allgemeine Regel erkennbar: Wenn man einer beliebigen Zahl 0 hinzufügt, bleibt diese Zahl gleich.

Die Grenzen des Kalküls zeigen sich, wenn man allgemeine Sätze herleiten will, die sich nicht auf einen besonderen Gegenstand, sondern auf alle Gegenstände des untersuchten Bereiches beziehen. Um auf induktivem Wege den Beweis zu führen, daß jede beliebige Zahl gleich bleibt, wenn man ihr 0 hinzufügt, müßte man nacheinander jede Zahl untersuchen. Jeder Einzelfall bedeutet zwar nur einen einfachen Kalkül, aber da es unendlich viele Zahlen gibt, müssen konsequenterweise unendlich viele Einzelfälle überprüft werden.

Anders ausgedrückt, dieses allgemeine Gesetz kann nicht aus einem Kalkül gewonnen werden. Der Beweis allgemeiner Sätze durch vollständige Induktion ist nur dann möglich, wenn sich diese Sätze auf eine begrenzte Anzahl von Gegenständen beziehen, das heißt, wenn der Individuenbereich (das ist die Gesamtheit aller Gegenstände, von denen in der Theorie die Rede ist) endlich ist.

Der Geschäftsmann
Abbildung aus Der kleine Prinz

von Antoine de Saint-Exupéry.
Photo © Gallimard.

Bei unendlichen Individuenbereichen haben wir zwei
Möglichkeiten. Entweder wir beweisen die Richtigkeit eines Satzes durch einen logischen Schluß, oder wir untersuchen eine begrenzte Zahl von Einzelfällen und nehmen die
allgemeine Regel an. Die zuletzt genannte Methode, die
unvollständige Induktion, kann dazu führen, daß sich die
Annahme als falsch erweist. So hat man zum Beispiel
lange geglaubt, die Sonne würde jeden Tag an allen Punkten des Erdballs gleichzeitig aufgehen, bis der griechische
Seefahrer und Geograph Pytheas (2. Hälfte des 4. Jhs.) auf
seiner Forschungsreise den Polarkreis überquerte und die
Mitternachtssonne entdeckte. Die experimentellen Wissenschaften, die die Induktion als Methode anwenden, müssen
manchmal ihre Ergebnisse revidieren, wenn diese mit der

Erfahrung nicht mehr übereinstimmen. Bei der Induktion versucht man, die Geltung eines Satzes an möglichst vielen Einzelfällen aufzuzeigen und auf diesem Weg ein allgemeines Gesetz zu gewinnen. So erwies sich zum Beispiel der Satz »Metalle sind schwerer als Wasser« so lange als gültig (z. B. sind Gold, Silber oder Eisen schwerer als Wasser), bis man in Kalium ein Metall entdeckte, das tatsächlich leichter als Wasser ist.

Die Induktion oder ein ähnliches Verfahren, mit dem man allgemeine Sätze annehmen kann, ist in den empirischen Wissenschaften unentbehrlich. Denn in solchen Wissenschaften kann man keine endgültigen Axiome festlegen, weil die erfahrbare Welt erst nach und nach in der Beobachtung zutage tritt. Ohne Axiome ist es zum Beispiel nicht möglich, ausschließlich aufgrund von Beobachtung und logischen Schlußfolgerungen zu beweisen, daß alle Schafe vier Beine haben. Man muß also auf die Induktion zurückgreifen können. Dagegen kann man für alle abstrakten Gegenstände, die theoretisch definiert wurden, Axiome festlegen und folglich die Gültigkeit allgemeiner Sätze mit einem Schluß beweisen. Einzig und allein mit einem Schluß kann man zum Beispiel beweisen, daß $x + 0$ immer gleich x ist. In so einem Fall verzichtet man lieber auf die Induktion und stützt sich ausschließlich auf das logische Schließen.

Man greift also auf das logische Schließen zurück, wenn sich Beobachtung und Kalkül als ungeeignet erweisen – wie im Falle des unendlichen Individuenbereichs. So kann man die Mathematik als Wissenschaft der abstrakten, formalen und unendlichen Systeme definieren – womit die Anwendung der formalen Logik in der Mathematik gerechtfertigt ist (denn tatsächlich ist die Beobachtung unmöglich, der Kalkül unzulänglich und die Induktion vermeidbar).

Ähnlich verhält es sich, wenn der Individuenbereich einer Theorie sinnlich wahrnehmbare Objekte umfaßt. Mit logischen Schlüssen beweisen wir Fakten, die sich der Beobachtung entziehen. In diesem Fall aber wird das logische Verfahren gemeinsam mit anderen Beweisverfahren angewendet: zusammen mit der Beobachtung und der Induktion.

Richtige Schlüsse

Um die Gültigkeit des Satzes S »Alle Detektive sind exzentrisch« zu beweisen, haben wir für diesen Satz einen Beweis geführt, das heißt, wir haben eine Folge F von Sätzen erstellt, die mit dem Satz S endet, so daß jeder dieser einzelnen Sätze entweder ein Axiom ist oder aus vorausgegangenen Sätzen mit Hilfe einer Deduktionsregel abgeleitet wurde (vgl. oben S. 23).

Es stellt sich nunmehr die Frage, ob die Satzfolge F tatsächlich ein gültiger Beweis des Satzes S ist. Andernfalls müßten wir weitere Beweise führen. Die Suche nach einem geeigneten Beweis kann vielleicht sogar endlos fortgesetzt werden. Sind also logische Schlüsse, die die Gültigkeit eines Satzes S auf die Gültigkeit des Satzes »Die Satzfolge F ist ein Beweis des Satzes S« zurückführen, etwa bloße Zirkelschlüsse, das heißt Beweisführungen, zu denen das Beweisende bereits als Voraussetzung herangezogen wird? Ist etwa das Argument »Der Satz ›Alle Detektive sind exzentrisch‹ ist wahr, weil die Satzfolge F ein Beweis dafür ist« nicht genauso unsinnig wie das Argument »Der Satz ›Alle Detektive sind exzentrisch‹ ist wahr, weil alle Detektive exzentrisch sind«?

Es handelt sich hier in gewisser Weise um Zirkelschlüsse. Die Zirkularität ist jedoch unvermeidbar, denn um ei-

Der Denker
*Skulptur von Auguste Rodin
(1840-1917), Musée Rodin.*
Ph. © A. Rzepka/ADAGP 1995.
Der eine rechnet (S. 33),

*der andere denkt (oben):
Beide Tätigkeiten haben einen
unterschiedlichen Stellenwert. Worin unterscheiden sie
sich?*

nen Satz der Logiksprache zu beweisen, haben wir nur die
Logiksprache selbst zur Verfügung, aus der wir nicht heraustreten können. Dennoch besteht ein großer Unterschied
zwischen dem Satz »Alle Detektive sind exzentrisch« und
dem Satz »Die Satzfolge F ist ein Beweis des Satzes ›Al-

le Detektive sind exzentrisch‹«. Dieser zuletzt angeführte Satz ist kein allgemeiner Satz und kann folglich kalkülmäßig hergeleitet werden: Eine einfache Überprüfung der Satzfolge zeigt, daß darin jeder Satz entweder ein Axiom ist oder aus vorausgegangenen Sätzen abgeleitet wurde. Außerdem ist der Schlußsatz dieser Folge genau der zu beweisende Satz. Deshalb braucht man keinen logischen Schluß, um die Gültigkeit dieses Satzes zu beweisen.

Mit einem Beweis können wir also die Gültigkeit eines nicht unmittelbar aus einem Kalkül ableitbaren Satzes (in unserem Beispiel Satz S, den wir beweisen) auf die Gültigkeit eines direkt aus einem Kalkül ableitbaren Satzes (hier der Satz »Die Satzfolge F ist ein Beweis von Satz S«) zurückführen. Das Problem ist also nicht die Gültigkeit kalkülmäßig ableitbarer Sätze, sondern in der Tat die Richtigkeit von Sätzen, bei denen man keinen Kalkül anwenden kann. So muß man also vorher den Begriff der Wahrheit oder der Gültigkeit klären, bevor man den Folgerungsbegriff definiert. Dieser Wahrheitsbegriff kann aber nur auf einen kleinen Bereich der Logiksprache bezogen werden, der keine allgemeinen Sätze enthält. Und gerade in diesem Bereich ist der Wahrheitsbegriff am wenigsten problematisch.

Das logische Schließen, eine Weiterführung des Kalküls

Der Kalkül und das logische Schließen stellen folglich zwei sehr unterschiedliche Beweisverfahren dar. Um die Gültigkeit eines Satzes mittels Kalkül zu beweisen, wenden wir eine systematische Methode an. Wenn wir jedoch die Gültigkeit desselben Satzes mit einem Schluß beweisen wollen, dann müssen wir Axiome festlegen und Deduktionsregeln anwenden, um Sätze zu erstellen – und zwar so lange, bis wir den gewünschten, zu beweisenden Satz erhalten.

Wenn wir nun vorschlagen, den Kalkül (als Methode der Wahrheitsfindung) durch das logische Schließen zu ersetzen, dann müssen wir zeigen, daß das logische Schließen eine Weiterführung des Kalküls darstellt. Das heißt, wir müssen zunächst zeigen, daß man mit dem logischen Schließen die Gültigkeit aller Sätze beweisen kann, die man auch aus einem Kalkül ableiten könnte. Ferner müssen wir zeigen, daß man mit dem logischen Schließen noch mehr leisten kann als mit dem Kalkül, daß wir nämlich die Gültigkeit allgemeiner Sätze beweisen können, deren Individuenbereich unendlich ist.

Betrachten wir ein Beispiel, bei dem es darum geht, mit einem logischen Schluß einen Satz zu beweisen, der sich mittels Kalkül durch eine einfache Addition beweisen ließe. Das Beispiel lautet: $2 + 2 = 4$. Zunächst definieren wir ein Vokabular, das sich für Zahlen eignet. Dafür verwenden wir die primitive Zahlendarstellung: Die Zahl n wird mit n Zählstrichen dargestellt. Wir könnten auch das übliche Dezimalsystem verwenden. Dieses würde aber unseren Sachverhalt nur unnötig komplizieren. Wir haben also folgendes Vokabular definiert:

– zwei Individuenzeichen: 0 und 1
– ein Funktionszeichen: +
– ein Prädikatszeichen: =

Die Zahl 3 schreiben wir in dieser Symbolsprache folgendermaßen: $0 + 1 + 1 + 1$.

Um zwei mit Zählstrichen dargestellte Zahlen zu addieren, entfernt man nach und nach die Zählstriche der linken Zahl und fügt sie der rechten Zahl hinzu. Wenn auf der linken Seite keine Zählstriche mehr vorhanden sind, dann können wir das Rechenergebnis auf der rechten Seite lesen.

/	//	///	\////	\\ ////	//// ////	\//// ////	\\ //// ////	\\\ //// ////
1	2	3	4	5	6	7	8	9

Die aramäischen Zahlen aus Ägypten
Die Zahl n wird mit n Zählstriche dargestellt. Elephantine-System, 5. bis

3. Jh. v. Chr. Die Elephantine-Urkunden wurden 1893 gefunden. Elephantine ist der griechische Name einer Nilinsel.

Die Addition 2 + 2 = 4 können wir folgendermaßen darstellen:

$$| | + | | \rightarrow | + | | | \rightarrow . + | | | | \rightarrow | | | |$$

Das Ergebnis lautet folglich 4.

Um über diese mit Zählstrichen dargestellten Zahlen logisch zu schließen, legen wir zwei Axiome fest:

– »Für alle x gilt, für alle y gilt: $(x + 1) + y = x + (y + 1)$«
– »Für alle x gilt: $0 + x = x$«

Um zu beweisen, daß $2 + 2$ gleich 4 ist, ersetzt man zunächst im ersten Axiom die Variable x durch $0 + 1$ und die Variable y durch $0 + 1 + 1$. So erhält man folgenden Satz: $(0 + 1 + 1) + (0 + 1 + 1) = (0 + 1) + (0 + 1 + 1 + 1)$, das heißt: $2 + 2 = 1 + 3$. Auf ähnliche Weise beweist man, daß $1 + 3 = 0 + 4$ ist, und mit dem zweiten Axiom schließlich, daß $0 + 4 = 4$ ist. Daraus schließt man nun, daß $2 + 2 = 4$ ist.

An diesem Beispiel kann man sehen, daß ein Kalkül direkt in einen Schluß übertragbar ist: Mit dem ersten Axiom kann man einen Zählstrich von einer Seite auf die andere verschieben, mit dem zweiten Axiom kann man zu einem Schluß gelangen, wenn auf der linken Seite kein einziger Zählstrich mehr vorhanden ist.

Außerdem liegt es auf der Hand, daß sich mit logischen Schlüssen die Wahrheit allgemeiner Fakten beweisen läßt. Denn Axiome wie die oben angeführten können bereits allgemeine Aussagen sein. Daraus lassen sich andere allgemeine Aussagen ableiten. Wenn man zum Beispiel im ersten oben genannten Axiom x durch 0 ersetzt, dann kann man folgendes ableiten:

»Für alle y gilt: $(0 + 1) + y = 0 + (y + 1)$«.

Das logische Schließen und die Regelmäßigkeit der Kalküle

Wenn man die Gültigkeit des Satzes »Für alle y gilt: $(0 + 1) + y = 0 + (y + 1)$« kalkülmäßig beweisen wollte, müßte man all jene Fälle überprüfen, in denen y die Werte 0, 1, 2, 3 usw. hat. Das würde eine unendliche Zahl von Kalkülen bedeuten. Diese Kalküle sind zwar alle unterschiedlich, aber nicht völlig unregelmäßig. Zwischen dem Kalkül, mit dem man zum Beispiel den Fall, in dem y dem Wert 5 entspricht, beweisen kann, und dem Fall, in dem y den Wert 6 hat, gibt es gewisse Ähnlichkeiten: In beiden Fällen muß man lediglich einen Zählstrich von links nach rechts verlegen, egal ob auf der rechten Seite bereits 5 oder 6 Zählstriche stehen.

$$| + | | | | | \ \rightarrow \ . + | | | | | |$$
$$| + | | | | | | \rightarrow \ . + | | | | | | |$$

Beim logischen Schließen, das eine Art generische (übergeordnete) Form des Kalküls darstellt, kommt diese Regelmäßigkeit zum Ausdruck. Darin werden die auf der

40

rechten Seite bereits vorhandenen Zählstriche schematisch mit der Variable y dargestellt.

$$| + | \underbrace{\ldots}_{y} | \quad \rightarrow \quad . + | \underbrace{\ldots}_{y} | |$$

Manchmal sind die Kalküle nicht so regelmäßig wie in unserem Beispiel, aber immer noch regelmäßig genug, um sie in einem Schluß zusammenfassen zu können. Für den Satz »Für alle x gilt: $x + 0 = x$« muß man beispielsweise fünf Zählstriche von links nach rechts verlegen, wenn x den Wert 5 hat. Wenn jedoch x dem Wert 6 entspricht, dann müssen sechs Zählstriche bewegt werden. Wer mit der formalen Logik bereits vertraut ist, der wird die rekursive Definition* anwenden, um diesen Satz zu beweisen.

Die Zuverlässigkeit des logischen Schließens

Bei geeigneter Fragestellung ist der Kalkül ein ziemlich zuverlässiges Verfahren. Man kennt die Vorgehensweise, um etwa zu beweisen, daß der Satz »18 x 37 = 666« wahr ist. Es genügt, die Multiplikation durchzuführen. Wenn man sich anschließend fragt, ob 18 x 37 gleich 666 ist, dann gibt es immer einen Kalkül, mit dem man die Frage bejahen oder verneinen kann. Schließlich sagt der Kalkül aus, ob der Satz »18 x 37 = 666« wahr ist. Er sagt außerdem noch aus, daß die Negation »18 x 37 ≠ 666« falsch ist. Der Kalkül gibt uns nie zwei einander widersprechende Antworten. Zusammenfassend läßt sich sagen: Der Kalkül stützt sich auf eine systematische Methode, er liefert immer eine Antwort, und er gibt nie zwei sich widersprechende Antworten. Ähnlich verhält es sich mit der Beobachtung, zumindest in ihrer einfachsten Form.

Diese Gewähr kann das logische Schließen nicht so ohne weiteres leisten. Wenn Sherlock Holmes versucht, ein Rätsel zu lösen, dann darf man bezweifeln, daß er über eine systematische Methode verfügt. Schon eher können wir uns vorstellen, daß er sich allmählich vorwärtstastet. Darüber hinaus ist es gar nicht so offensichtlich, daß es für diese Rätsel immer eine Lösung gibt. Die Probleme könnten ja auch unlösbar sein. Und schließlich erhebt sich auch die Frage, ob man mit dem logischen Schließen womöglich nicht nur eine Sache beweisen kann, sondern vielleicht auch ihr Gegenteil? Denn die Schönredner greifen immer wieder zu Sophismen* (Trugschlüssen), um uns von ihrer Sache zu überzeugen.

Das sind nur einige der Fragen, auf die wir Antworten finden möchten. Wie wir sehen werden, fallen die Antworten manchmal recht erstaunlich aus.

Das logische Schließen kann nicht auf einen Kalkül reduziert werden

Die notwendigen Operationsregeln, um mittels Kalkül die Gültigkeit eines Satzes zu beweisen, werden in dem Satz selbst angegeben. Will man dagegen mit einem logischen Schluß die Gültigkeit eines Satzes beweisen, dann kann man eine systematische Methode nicht wie selbstverständlich anwenden. Man muß eine Folge von Sätzen finden, die zum beweisenden Satz führen. Diese Folge ist im Satz selbst nicht mehr enthalten. Um sie zu erstellen, ist eine gewisse Findigkeit erforderlich. Aus diesem Grund kommt es manchmal vor, daß die Suche nach einem Schluß der sprichwörtlichen Suche nach der Stecknadel im Heuhaufen gleicht. Eine vage Intuition scheint uns in die eine oder andere Richtung zu lenken, vielversprechende Wege entpuppen sich womöglich als Sackgassen. Wenn man dann schließlich doch ans Ziel gelangt ist, möchte man zuweilen vor Begeisterung rufen: *Heureka!*

Methodisches Schließen

Zum Glück erweist sich die Suche nach einem Schluß nicht immer als ein solch unsicheres Unterfangen. In manchen Fällen kann man systematische Methoden anwenden. Nehmen wir wieder ein Beispiel: Will man beweisen, daß eine Zahl eine ungerade Zahl ist, dann genügt es, wenn wir

Heureka!
(gr., »Ich habe (es) gefunden«)
Die Lösung eines Kalküls
wird niemals eine solche Freude
auslösen können wie das

Finden eines Beweises.
Zeichnung von Hergé aus
dem Tim-und-Struppi-Album
Der Arumbaya-Fetisch
Ph. © Editions Castermann.

überprüfen, ob sie mit einer der Ziffern 1, 3, 5, 7 oder 9
endet. Wir können dann Schlüsse erstellen, die beweisen,
daß die Zahlen 13 oder 15 ungerade Zahlen sind. Dazu ist
keine besondere Eingebung nötig. Der Satz »Für alle x gilt,
$2 \times x \neq n$« (will heißen: »die Zahl n ist ungerade«) ist ein
allgemeiner Satz. Seine Gültigkeit läßt sich also nicht mit
einer simplen Kalkülmethode* beweisen, bei der man eine
vollständige Überprüfung der Fälle durchführt, in denen x
die Werte 0, 1, 2, 3 usw. hat. Man kann sich aber einer indirekten Methode bedienen, indem man den Beweis erbringt,
daß die letzte Ziffer der Zahl n tatsächlich die 1, 3, 5, 7

oder 9 ist. Ähnlich verhält es sich mit vielen anderen Problemen, die in einem allgemeinen Satz formuliert werden: Sie können mit einer systematischen Methode, die man im nachhinein gefunden hat, gelöst werden.

Die Versuchung liegt nahe, nach einer allgemeinen Methode zu suchen, mit der sich entscheiden läßt, ob ein x-beliebiger Satz beweisbar ist oder nicht – was auf die Grundsatzfrage hinausläuft, ob man generell mit logischen Schlüssen die Gültigkeit von Sätzen beweisen kann. Somit würde die Suche nach einem Schluß auf die Anwendung einer rein mechanischen, systematischen Methode hinauslaufen, einer Methode ähnlich jenem Verfahren, mit dem man einen Satz wie »Die Zahl n ist eine ungerade Zahl« beweisen kann.

Die Entwicklung einer solchen Methode war Anfang der zwanziger Jahre eines der Hauptziele des deutschen Mathematikers David Hilbert*. Hilbert beabsichtigte den Aufbau einer Beweistheorie: Der mathematische Beweis selbst müsse zum Gegenstand der Untersuchung werden. Bestandteil dieser Theorie sollte ein endliches System von Schlußregeln sein, mit dem man effektiv sämtliche Folgerungen aus vorgelegten Prämissen (Axiomensystemen) der Reihe nach herleiten können sollte, also einen Logik-Kalkül, mit dem sich alle logischen Folgerungen aus dem jeweiligen Axiomensystem nach gewissen Regeln rein mechanisch ziehen ließen. Hilberts ehrgeiziges Ziel, *alle* mathematischen Theorien aus Axiomensystemen kalkülmäßig abzuleiten, konnte nicht verwirklicht werden.

Der Folgerungsbegriff ist eingeführt worden, weil die allgemeinen Sätze sich nicht unmittelbar als kalkülmäßig abzuleitende Aussagen darstellen. In folgenden Sätzen haben wir es mit einem Kalkülvorhaben zu tun: »Iokastes Ehemann ist der Vater von Ödipus«, »Das Wort ›tot‹ ist ein

Palindrom« oder »18 x 37 = 666«. Um *kein* Kalkülvorhaben handelt es sich bei den folgenden Sätzen: »Der erste und der letzte Buchstabe eines jeden Palindroms sind identisch« oder »Für alle x gilt: $x + 0 = x$«. Dennoch schließt diese Tatsache nicht von vornherein die Existenz einer indirekten Methode aus, wie es sie für manche Spezialfälle gibt, wie zum Beispiel für Sätze des Typs »Die Zahl n ist eine ungerade Zahl«. Die Grundsatzfrage des Hilbertschen Programms ist folgende: Liegt es lediglich an der Formulierung, oder gibt es tieferliegende Gründe, weshalb allgemeine Sätze sich nicht als kalkülmäßig abzuleitende Aussagen darstellen? Mit anderen Worten: Besteht der Unterschied zwischen logischem Schluß und Kalkül lediglich in einer unterschiedlichen Art der Darstellung, oder ist das logische Schließen tatsächlich ein viel effizienteres Verfahren als der Kalkül?

Hilbert war davon ausgegangen, daß zwischen Kalkül und logischem Schließen kein großer Unterschied bestünde. Um das zu beweisen, wollte er zeigen, daß das logische Schließen auf den Kalkül reduzierbar sei. Außerdem wollte er nachweisen, daß das logische Schließen genauso zuverlässig sei wie der Kalkül, daß es immer eine Antwort liefern und daß es dabei nie zwei sich widersprechende Antworten geben würde. Schließlich hätte dieses Programm auch noch einen praktischen Nutzen gehabt: Eine solche Methode hätte die Menschheit ein für alle Male von der mühevollen Aufgabe befreit, nach Beweisen suchen zu müssen.

Das Hilbertsche Programm ist jedoch gescheitert: 1936 haben der amerikanische Mathematiker Alonzo Church (1903-1995) und der englische Ingenieur und Mathematiker Alan Turing (1912-1954) gezeigt, daß es kein Kalkülverfahren gibt, mit dem sich entscheiden läßt, ob ein Satz beweisbar ist oder nicht. Das logische Schließen ist also in der Tat ein viel effizienteres Verfahren als der Kalkül.

Die Allgemeingültigkeit der Logiksprache

Churchs und Turings Argumentation läßt sich durchaus nachvollziehen. Die Sprache ist ein allgemeingültiges Instrument. Jedes beliebige Problem läuft auf die Klärung der Frage hinaus, ob ein Satz richtig oder falsch ist. Wenn man weiß, daß der Kleine Prinz auf dem Asteroiden B 612 wohnt, dann enthält der Satz »Der Kleine Prinz wohnt auf dem Asteroiden B 612« eine wahre Aussage. Wir kennen also einen Beweis, der die in Saint-Exupérys Erzählung gegebenen Informationen als Axiome verwendet.

Wenn man über eine Methode verfügte, logische Schlüsse zu erstellen, dann bräuchte man sie nur auf einen beliebigen Satz anwenden und käme zu dem Ergebnis: Es gibt einen Schluß, der die Gültigkeit des Satzes beweist, oder ein solcher Schluß existiert nicht. Mit dieser Methode könnte man in Erfahrung bringen, ob der Kleine Prinz wirklich auf dem Asteroiden B 612 lebt – man müßte nur die Methode auf den Satz »Der Kleine Prinz wohnt auf dem Asteroiden B 612« anwenden. Mit dieser Methode könnte man ebenfalls herausfinden, ob die Zahl 13 eine ungerade Zahl ist. Denn man müßte sie nur auf den Satz »Die Zahl 13 ist eine ungerade Zahl« beziehen. Diese Methode würde uns zeigen, ob der Pythagoreische Lehrsatz wahr ist, denn man müßte sie nur auf die Aufgabenstellung dieses Lehrsatzes beziehen. Die Beispiele ließen sich mühelos fortsetzen. Eine solche Methode wäre der Stein der Weisen: eine allgemeingültige Antwort auf alle Fragen.

Zusammenfassend können wir folgendes festhalten: Entweder gibt es diesen Stein der Weisen, und alle Probleme können folglich mit einem Kalkül gelöst werden; oder er existiert nicht, und Hilberts Programm ist zum Scheitern verurteilt. Es bedürfte nur eines einzigen Problems, das nicht mit einem Kalkül gelöst werden kann, und schon wäre gezeigt, daß das Hilbertsche Programm nicht zu erfüllen ist.

Das Entscheidungsproblem

Bevor sie den Nachweis erbracht hatten, daß es kein allgemeines Kalkülverfahren gibt, mit dem entschieden werden kann, ob ein Satz beweisbar ist oder nicht, haben Church, Turing und Stephen Kleene (1909-1994) tatsächlich ein solches kalkülmäßig nicht lösbares Problem gefunden. Es handelt sich um das sogenannte Entscheidungsproblem*.

Ein Kalkül verläuft in einzelnen Schritten. Es gibt Kalküle, die nach einer begrenzten (endlichen) Anzahl von Schritten abbrechen. Wenn man zum Beispiel eine Zahl sucht, die in der Verdoppelung 12 ergibt, kann man nacheinander schrittweise die Zahlen 0, 1, 2, usw. durchlaufen lassen, bis man auf eine Zahl gestoßen ist, die die erforderliche Eigenschaft besitzt. Andere Kalküle wiederum münden in Verfahren, die kein Ende nehmen und unendlich fortgesetzt werden können. Es handelt sich dabei eigentlich nicht um Kalküle, denn sie führen zu keinem Ergebnis. Es sind vielmehr partielle Methoden. Wenn man zum Beispiel eine natürliche Zahl sucht, die verdoppelt 13 ergibt, und dann schrittweise die Zahlen 0, 1, 2, 3 usw. durchprobiert, dann wird man nie zu einem Ergebnis kommen. Die Suche nach einer solchen Zahl kann endlos fortgesetzt werden.

Das Entscheidungsproblem liegt in der Frage, ob ein Kalkülverfahren zu einem Ergebnis führt oder nicht. Anders ausgedrückt: Beim Entscheidungsproblem geht es um die Frage, ob bei irgendeinem (endlichen) Axiomensystem, das sich in der Symbolsprache einer bestimmten Logik schreiben läßt, im Hinblick auf eine auch in dieser Sprache darstellbare Aussage A entschieden werden kann, ob diese Aussage A eine Folgerung aus dem Axiomensystem ist oder nicht. Auf der einen Seite hätten wir einen Kalkül, mit dem alle Folgerungen aus dem Axiomensystem der Reihe nach hergeleitet werden können (sogenannter vollständiger Logik-Kalkül), auf der anderen Seite aber einen Kalkül, der alle Nicht-Folgerungen aus dem Axiomensystem aufzählt. Dieser zweite Kalkül würde endlos laufen und niemals zu einer Entscheidung führen.

Church, Kleene und Turing haben gezeigt, daß man dieses Problem nicht mit einem Kalkül entscheiden kann. Denn gäbe es ein derartiges Verfahren, das in der Lage wäre, andere Methoden zu analysieren, um zu entscheiden, ob sie zu einem Ergebnis führen oder nicht, dann könnte man ein Verfahren entwickeln, das die anderen Methoden analysiert und nur dann zu einem Ergebnis führt, wenn die analysierte Methode kein Ergebnis bringt. Ein solches Verfahren kann es jedoch nicht geben, denn es müßte zunächst sich selbst analysieren. Diese Selbstanalyse führt aber zu Widersprüchen, die an die Antinomie* des Epimenides* erinnern, eines kretischen Weisen (Anfang des 6. Jh. v. Chr.), der behauptete, alle Kreter seien Lügner.

Dieses Paradoxon läßt sich folgendermaßen aufschlüsseln:

Wenn E. lügt, dann ist seine Behauptung, daß die Kreter lügen würden, falsch. Das bedeutet dann, daß die Kreter nicht lügen und daß folglich auch E. nicht lügt, da er selbst ein Kreter ist.

Wenn aber E. nicht lügt, dann ist seine Behauptung, daß die Kreter lügen, wahr. Wenn diese Behauptung jedoch wahr ist, so lügt auch E., weil er ein Kreter ist.

Es ergibt sich daraus, daß zwei Sätze gleichzeitig bewiesen wurden, nämlich »E. lügt« und »E. lügt nicht«.

Da die Sprache allgemeingültig ist, kann man mit ihrer Hilfe Sätze des Typs »Die Kalkülmethode M führt zu einem Ergebnis« formulieren. Um das Resultat von Church, Kleene und Turing anwenden zu können, muß es auch für jede Kalkülmethode M einen Beweis geben, der zeigt, daß M zu einem Ergebnis führt oder nicht. Im Grunde reicht ein Beweis, daß M zu einem Ergebnis führt, wenn dies tatsächlich der Fall ist. (Dies bedeutet, daß die Information – der Satz »Die Kalkülmethode M führt zu einem Ergebnis« ist nicht beweisbar – gleichwertig ist mit einem Beweis, daß die Methode M zu keinem Ergebnis führt.)

Eine solche Theorie ließe sich aufstellen. Wenn es eine Kalkülmethode gäbe, um zu entscheiden, ob ein Satz beweisbar ist oder nicht, dann müßte man sie nur auf diesen Satz anzuwenden, um festzustellen, ob die Kalkülmethode M zu einem Ergebnis führt oder nicht. So würde man das Entscheidungsproblem lösen, im Gegensatz zu Church, Kleene und Turing.

Eine solche Methode kann es aber nicht geben. Es ist nicht möglich, das logische Schließen auf einen Kalkül zu reduzieren, auch wenn dieser Kalkül mehr leisten könnte als die Untersuchung aller Einzelfälle durch vollständige Induktion. Somit ist auch das Hilbertsche Programm nicht durchführbar. Das logische Schließen ist also prinzipiell ein viel effizienteres Instrument als der Kalkül.

Die Bibliothek von Babel

Die Forschungsergebnisse von Church und Turing zeigen, daß es kein allgemeines Verfahren gibt, um zu entscheiden, ob ein Satz beweisbar ist oder nicht. Es gibt allerdings eine sehr einfache partielle Methode, mit der man einen Schluß erstellen kann, der einerseits zeigt, wann ein Satz beweisbar ist, und der andererseits in eine endlose Suche mündet, wenn der Satz nicht beweisbar ist.

Ein Schluß ist ja tatsächlich eine Folge von Sätzen. Ein Satz wiederum ist eine Folge von Wörtern, und die Wörter selbst sind eine Folge von Buchstaben. Ein Schluß ist demnach lediglich eine Folge typographischer Zeichen. Diese Schriftzeichen sind auf eine endliche Zahl begrenzt (die 26 Buchstaben des Alphabets und einige Satzzeichen). Wenn man zunächst alle Texte aufzählt, die nur ein Zeichen enthalten, danach diejenigen mit zwei Zeichen, dann diejenigen mit drei und so weiter, dann zählt man alle möglichen Sätze auf: »a«, »b«, »c«, ... , »aa«, »ab«, »ac« usw.

Auf diese Weise ließe sich eine Textsammlung produzieren, die alles enthielte, was jemals in irgendeiner Sprache geschrieben wurde oder geschrieben werden könnte.

Nehmen wir als Beispiel erneut den bewährten Satz »Sherlock Holmes ist intelligent«. An jedem Text unserer Aufzählung läßt sich überprüfen, ob wir es mit einem Schluß zu tun haben, der die Gültigkeit des Satzes beweist oder nicht. Der Text »a« ist kein geeigneter Schluß, der Text »b« auch nicht usw. Aber eines (fernen) Tages wird in der Aufzählung folgender Text erscheinen:

Für alle x gilt: wenn x Detektiv ist, dann ist x intelligent.
Wenn Sherlock Holmes Detektiv ist, dann ist Sherlock Holmes intelligent.
Sherlock Holmes ist Detektiv.

———————————————

Sherlock Holmes ist intelligent.

Dieser Text ist ein richtiger, korrekter Schluß unseres Ausgangssatzes. Allgemein kann man sagen: Wenn es einen Schluß gibt, der die Gültigkeit des untersuchten Satzes beweist, dann wird er irgendwann einmal in der Aufzählung aller Texte auftauchen, und wir werden ihn erkennen.

Gewiß, die Suche kann lange dauern und recht mühselig sein – sie ähnelt der Situation, bei einem Rohrbruch sämtliche Telefonnummern durchzuprobieren, bis man die des Klempners gefunden hat. Dies ist natürlich keine realistische und effektive Methode, aber es gibt sie; und diese Tatsache genügt, um zu zeigen, daß sie theoretisch möglich wäre. Wenn man sie praktisch anwenden will, dann kann man sich überlegen, wie sie sich verbessern ließe.

Wir haben es hier also mit einem Ergebnis zu tun, das mit Vorsicht zu genießen ist. Natürlich kann man das logische Schließen nicht auf einen im üblichen Sinne verständlichen Kalkül reduzieren, das heißt, auf ein Verfahren, das immer zu einem Ergebnis führt. Aber man kann es auf eine erweiterte Form des Kalküls zurückführen, der nicht immer zu einem Ergebnis führt, sondern die Suche nach einem Schluß endlos fortsetzt, wenn der Satz nicht beweisbar ist.

Kalkül und logisches Schließen beruhen demnach beide in gewisser Weise auf einer systematischen Methode, sie unterscheiden sich aber darin, daß ein begonnener Kalkül mit Gewißheit abgeschlossen werden kann. In der Regel kann man von vornherein abschätzen, wie lange der Kalkül dauern wird und wieviel Aufwand er verlangt. Beim logischen Schließen ist es anders. Es steht nicht einmal mit Sicherheit fest, ob man überhaupt einen geeigneten Schluß finden wird.

**Montagebänder
in der Automobilindustrie**
*Auf Tarskis Methoden
beruhende Kalkülverfahren
werden in der Automobil-
industrie angewendet, um
die geometrischen*

*Probleme zu lösen,
die sich aus der Steuerung
von Robotern ergeben
(zum Beispiel,
um Zusammenstöße zu
verhindern).*
Ph. © Pitois/Jerrican.

Wenige entscheidbare,
auf Kalküle reduzierbare Theorien

Die Optimisten sehen in der Unmöglichkeit, das logische
Schließen auf einen Kalkül (der immer zu einem Ergebnis
führt) zu reduzieren, einen Hinweis darauf, daß das logische Schließen ein prinzipiell viel effizienteres Hilfsmittel
ist als ein Kalkül. Als die Menschheit vom Kalkül zur
Logik überging, habe sie demnach einen wirklichen
Fortschritt gemacht. Die Pessimisten hingegen ziehen daraus den Schluß, daß die Möglichkeiten, Probleme metho-
disch zu lösen, von vornherein beschränkt sind. Oftmals

haben sich für die Lösung mathematischer Probleme Kalküle finden lassen. Andere Probleme wiederum haben sich solchen Lösungsversuchen stets entzogen, und man ist zu der Vermutung gelangt, daß es kein Kalkül zu ihrer Lösung gibt.

Ein schwacher Trost liegt darin, daß es Theorien (Axiomensysteme) gibt, die zu begrenzt sind, um Sätze des Typs »Die Kalkülmethode M führt zu einem Ergebnis« zu formulieren. Für solche Theorien kann man Kalküle entwickeln, die sämtliche Beweise finden oder aufzeigen, daß es keinen Beweis gibt. Derartige Theorien, zu denen unter anderem solche mit einem endlichen Individuenbereich gehören, sind also entscheidbar. Das erstaunlichste Beispiel für eine entscheidbare Theorie ist die Elementargeometrie.

Im Jahr 1930 hat der Mathematiker und Logiker Alfred Tarski (1902-1983, Hauptvertreter der Warschauer Logikschule) gezeigt, daß die elementare Geometrie eine entscheidbare, auf einen Kalkül reduzierbare Theorie ist. Tarskis Forschungsergebnisse basieren auf René Descartes' (1596-1650, französischer Philosoph, Mathematiker und Naturforscher) Entdeckung, daß geometrische Gebilde durch die Einführung von Koordinaten analytisch beschrieben werden können. Probleme der Elementargeometrie können in Probleme über reelle Zahlen (d.h. ganze Zahlen oder Dezimalzahlen) übersetzt werden, nämlich durch die Vorgabe eines Koordinatensystems und durch die Wahl eines Bezugspunktes. Nachdem Tarski die geometrischen Aussagen in solche über reelle Zahlen überführt hatte, war es ihm mittels einfacher Kalküle möglich, Entscheidungsresultate für wichtige elementargeometrische Theorien zu gewinnen. Tarski hat also gezeigt, daß diese Probleme bei reellen Zahlen mit einem Kalkül gelöst werden können.

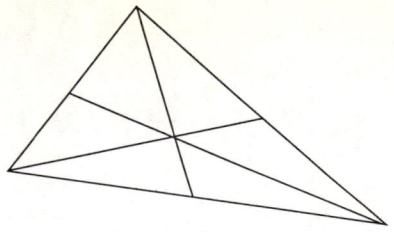

Um beispielsweise zu zeigen, daß die Seitenhalbierenden eines Dreiecks konvergent verlaufen, hat Tarski die Gleichung der drei Seitenhalbierenden aufgestellt und nachgewiesen, daß dieses System von drei Gleichungen mit zwei Unbekannten immer zu lösen ist. Dafür muß man lediglich die Koordinaten des Schnittpunktes zweier dieser Seitenhalbierenden berechnen und sich dann vergewissern, daß diese Koordinaten die Gleichung der dritten Seitenhalbierenden bestätigen. Mit dieser Methode konnten geometrische Probleme, die früher Einfallsreichtum und Erfindergabe erforderten, mit einem Kalkülverfahren gelöst werden. Tarskis Methode und ähnliche seither entwickelte Verfahren erfordern in der Regel umfangreiche Berechnungen. Erst mit der Erfindung leistungsstarker Computer konnten solche Methoden auch in der Praxis effektiv angewendet werden.

Das Beispiel der Elementargeometrie bleibt leider ein Einzelfall. Die Theorie der natürlichen Zahlen mit Symbolen für die Zahl Null, für die Zahl Eins, für die Addition und die Multiplikation kann zum Beispiel nicht auf einen Kalkül reduziert werden.

Unvollständige Theorien
oder:
Weder ja noch nein

Wenn man die Gültigkeit des Satzes »18 x 37 = 666« mit einem Kalkül beweisen will, dann führt man die Berechnung, hier die Multiplikation, durch und kommt zu dem Schluß, daß der Satz wahr ist. Wenn man die Gültigkeit des Satzes »18 x 37 = 667« mit Hilfe eines Kalküls beweisen will, verfährt man auf ähnliche Weise und schließt sodann, daß der Satz falsch ist. Gleichzeitig hat man in dem Fall aber auch die Gültigkeit des Satzes »18 x 37 ≠ 667« bewiesen. Ein Kalkül führt stets zu einer Antwort. Der unverbesserliche Optimist David Hilbert dachte, daß es mit dem logischen Schließen nicht anders sein könne. Er war der Meinung, in der Mathematik sei jedes Problem lösbar. Die Vorstellung, daß jedes Problem gelöst werden könne, bedeutet: Wenn man einen Satz nicht beweisen kann, dann läßt sich auf jeden Fall dessen Negation beweisen.

Der erste Gödelsche Unvollständigkeitssatz

Dennoch gibt es auf den ersten Blick keinen eindeutigen Zusammenhang zwischen dem Fehlen eines Beweises für einen Satz und der Existenz eines Beweises für dessen Negation. Hier ist größte Vorsicht angebracht, denn Schlußregeln stehen außerhalb des Satzes, und es gibt keine systematische Methode, um einen logischen Schluß zu finden. Der berühmte (erste) Unvollständigkeitssatz*, den der österreichische Logiker und Mathematiker Kurt Gödel (1906-1978) 1931 bewiesen hat, zeigt, wie berechtigt diese Vorsicht ist. Der erste Unvollständigkeitssatz besagt, daß es nicht immer einen entsprechenden logischen Schluß gibt, mit dem man die Gültigkeit eines Satzes oder dessen Negation beweisen kann. Wörtlich lautet der Satz:

»Ist U ein Bereich, der die natürlichen Zahlen enthält, und L eine Sprache, in der die Arithmetik der natürlichen Zahlen ausdrückbar ist, so ist jedes in L formulierte Axiomensystem A, das eine endliche oder allgemeiner eine rekursive Menge von Axiomen ist, *in dem Sinne unvollständig, daß nicht alle in U wahren Aussagen aus A abgeleitet werden können.*«

In jedem formalen System gibt es folglich Ausdrücke, die mit den Mitteln des Systems gebildet sind, so daß weder ein Ausdruck A noch die Negation von A kalkülmäßig ableitbar sind. Gödel hat in seiner Habilitationsschrift gezeigt, daß die höheren Prädikatenlogiken unvollständig sind. Denn es kann keine endliche Menge von Schlußregeln geben, mit denen aus beliebigen Prämissen, die in der Sprache einer höheren Prädikatenlogik ausgedrückt sind, alle Folgerungen rein mechanisch ableitbar wären. Denn wenn es so wäre, dann könnte man logisches Schließen und Kalkül gleichsetzen. Und dies wäre ein Widerspruch zu Churchs und Turings Ergebnissen.

Die hypothetische Kalkülmethode, die zeigen würde, ob ein Satz abgeleitet werden kann oder nicht, beruht wiederum auf einer Textaufzählung. Nehmen wir zum Beispiel unseren Satz »Sherlock Holmes ist intelligent« und zählen alle möglichen Texte auf: »a«, »b«, »c« usw. Eine einfache Überprüfung zeigt bei jedem Text, ob er einen geeigneten logischen Schluß darstellt oder nicht. Wenn es einen logischen Schluß gibt, der die Gültigkeit dieses Satzes beweist, dann werden wir – wie schon gesehen – irgendwann im Laufe der Textaufzählung darauf stoßen und ihn als gültigen Schluß erkennen. Im anderen Fall aber wird die Textaufzählung endlos fortgesetzt, ohne die gewünschte Entscheidung herbeizuführen. Diese Methode wäre demnach eine partielle Methode.

Wenn wir nunmehr davon ausgehen, daß es immer einen logischen Schluß gibt, mit dem man die Gültigkeit eines Satzes oder dessen Negation beweisen kann, dann läßt sich die Negation immer dann beweisen, wenn der Satz selbst nicht bewiesen werden kann. Wenn man also zugleich einen Schluß für die Gültigkeit eines Satzes oder für dessen Negation sucht, dann würde zwangsläufig im Laufe der Textaufzählung einer von zwei möglichen Schlüssen auftauchen: entweder ein Schluß für die Gültigkeit des Satzes oder ein Schluß für die Gültigkeit seiner Negation. Die auf diese Weise korrigierte Methode würde immer zu einem Ergebnis führen, was nichts anderes hieße, als daß das logische Schließen auf ein Kalkül reduziert werden könnte. Dies aber stünde wiederum im Widerspruch zu Churchs und Turings Beweis, der ja besagt, daß es kein Kalkülverfahren gibt, mit dem entschieden werden kann, ob ein Satz beweisbar ist oder nicht. Es gibt also Sätze, die nicht beweisbar sind, die nicht abgeleitet werden können und deren Negation folglich auch nicht beweisbar und ableitbar ist.

Man kann solche Sätze erstellen, die ihre eigene Nichtbeweisbarkeit behaupten. Damit bekommen wir eine neue Variante der Antinomie des Epimenides, der ja behauptet hatte, daß alles, was er sagt, falsch sei. So gibt es zum Beispiel die Geschichte von dem zum Tode verurteilten Verbrecher, dessen letzte Worte über die Art der Urteilsvollstreckung entscheiden sollten. Wenn er dabei lügt, soll er gehängt werden; wenn er die Wahrheit sagt, wird er enthauptet. Seine letzten Worte lauteten: »Ich werde gehängt werden«. Die Scharfrichter waren natürlich ratlos ...

Die Eiche und das Schilfrohr

Es ist keine große Überraschung, daß es unvollständige Theorien gibt. Wenn man in einer Theorie alle Axiome ausschaltet, dann werden die in dieser Theorie formulierten Sprachsymbole bedeutungslos. Wie etwa sollte man beweisen, ob Sherlock Holmes intelligent ist oder nicht, wenn man weder etwas über Sherlock Holmes noch etwas über die Intelligenz weiß? Die gleiche Schwierigkeit ergibt sich, wenn man herausfinden will, wer eine Tat begangen hat, obwohl man keinen einzigen Hinweis und auch nicht die Möglichkeit hat, eine Ermittlung durchzuführen, um Indizien zu sammeln. Wie soll man in diesem Fall ermitteln, wer der Täter ist? Es versteht sich von selbst, daß manche Sätze in einer Theorie unbestimmt* sind (das heißt, sie können nicht deduktiv hergeleitet werden), wenn man Axiome ausklammert oder wegläßt. Selbstverständlich beschränkt sich der (erste) Gödelsche Unvollständigkeitssatz nicht auf diesen Gemeinplatz. Der Satz Gödels besagt vielmehr, daß es in einer Theorie immer einen unbestimmten Satz geben wird, egal, welche Axiome festgelegt werden (es sei denn, der Theorie mangelt es an Ausdrucksfähigkeit, so daß ihre Sätze kalkülmäßig abgeleitet werden können). Der Gödelsche Unvollständigkeitssatz bezieht sich also nicht auf eine spezielle Theorie, sondern auf sämtliche denkbare Theorien.

Die Hoffnung, in einer Theorie alle unbestimmten Sätze beseitigen zu können, indem man neue Axiome hinzunimmt, ist also unberechtigt. Denn auch auf eine erweiterte Theorie trifft der Gödelsche Unvollständigkeitssatz zu, und wir hätten erneut einen unbestimmten Satz. Die Unvollständigkeit erweist sich als eine Schwäche, vergleichbar etwa – in Anspielung auf die Fabel La Fontaines – mit der Schwäche der Eiche, und nicht der des Schilfrohrs. Auch eine stärkere Eiche könnte dem Wind nicht besser trotzen. Eine Theorie läßt sich nicht dadurch vervollständigen, daß man ihr einfach Axiome hinzufügt.

Dagegen gibt es »Schilfrohr-Theorien«, deren Ausdrucksfähigkeit zu gering ist, um vollständig zu sein. Derartige Theorien, wie zum Beispiel die Elementargeometrie oder Theorien mit endlichem Individuenbereich, sind immer auf einen Kalkül reduzierbar und somit entscheidbar.

Alles, was ich weiß, ist, daß ich nichts weiß

Für den (ersten) Gödelschen Unvollständigkeitssatz wird gelegentlich geltend gemacht, er beweise die Existenz von Sätzen, die weder wahr noch falsch sind. Diese Behauptung entbehrt jedoch jeglicher Vernunft. Nehmen wir zum Beispiel den Satz »Es gibt ein x, so daß $x + 1 = 0$«. Wir können sämtliche Zahlen durchgehen und für jede einzelne Zahl überprüfen, ob sie die erforderliche Eigenschaft »$x + 1 = 0$« aufweist oder nicht. Wir müssen uns darüber im klaren sein, daß es nur zwei Möglichkeiten gibt: Entweder wir finden eine Zahl mit dieser Eigenschaft, und der Satz ist wahr; oder eine solche Zahl ist nicht existent, und der Satz ist falsch. Wie sollte es da eine dritte Möglichkeit geben?

Der Gödelsche Unvollständigkeitssatz steht dazu nicht im Widerspruch. Kommen wir zurück zu unserem Beispiel. Wenn wir eine Zahl mit der erforderlichen Eigenschaft gefunden haben, dann ist es ein leichtes, einen geeigneten Schluß für die Gültigkeit des Satzes zu erstellen. Problematisch wird es allerdings, wenn wir keine derartige Zahl finden. Was gibt uns in diesem Fall die Sicherheit, daß ein logischer Schluß existiert, der die Negation unseres Satzes beweist? Wie bei dem Satz »Es gibt ein x, so daß $x + 1 = 0$« sind manchmal die Kalküle zur schrittweisen Ausscheidung jeder ungeeigneten Zahl so regelmäßig, daß sie auf ein einziges Argument zurückgeführt werden können. Wie wir gesehen haben, ist dieses Argument dann ein logischer Schluß, der die Negation des Satzes beweist.

In anderen Fällen sind die Kalküle, mit denen man ungeeignete Objekte eliminieren kann, zu unterschiedlich und zu unregelmäßig, als daß sie in einem allgemeinen Argument zusammengefaßt werden könnten. Der Satz ist dann in gewisser Weise falsch, denn die Überprüfung aller Einzelfälle würde ergeben, daß kein geeigneter Fall auffindbar ist. Es ist unmöglich, die Gültigkeit eines solchen Satzes zu beweisen, denn eine endlose Überprüfung kann nicht auf ein endliches System von Schlußregeln reduziert werden.

Wenn man nachweist, daß ein Satz des Typs »Es gibt ein x, so daß A« (in welchem A eine kalkülmäßig ableitbare Eigenschaft ist) in einer Theorie unbestimmt ist, dann zeigt man gewissermaßen, daß dieser Satz falsch ist.

So ist auch ein unbestimmter Satz des Typs »Für alle x gilt: A« ein wahrer Satz, denn die Untersuchung aller Fälle würde kein Gegenbeispiel erbringen. Der Beweis für die Unbestimmtheit eines Satzes dieses Typs in einer Theorie zeigt im Grunde seine Gültigkeit. Selbstverständlich ist dieser indirekte Beweis in der Theorie selbst nicht zulässig (denn dann wäre der Satz ja nicht mehr unbestimmt).

Ein Satz kann also in der einen Theorie unvollständig sein, in einer anderen wiederum nicht, weil diese Theorie

ein logisches System bildet, mit dessen Hilfe die Beweisführung selbst zum Gegenstand der Untersuchung wird.
Man muß gegenüber der Theorie eine kritische Distanz
wahren und sie von außen betrachten. Nur so läßt sich die
Gültigkeit neuer Sätze beweisen.

Das Wesen der mathematischen Wahrheit

Den (ersten) Gödelschen Unvollständigkeitssatz zu interpretieren bedeutet, daß man erneut über das Wesen der
Wahrheit sprechen muß, wenn der Individuenbereich
(einer Theorie) abstrakte Gegenstände umfaßt.

1911 wurde die *Mona Lisa* aus dem Musée du Louvre
entwendet. Einige haben die These vertreten, daß der Dichter Guillaume Apollinaire der Dieb gewesen sei. Wenn wir
heute versuchen würden, die Ermittlungen in diesem
Fall erneut aufzunehmen, würden uns wahrscheinlich die
Indizien fehlen, aus denen wir schließen könnten, ob Apollinaire der Dieb war oder nicht. Die Tatsache, daß
wir die Wahrheit nicht erfahren können, ändert jedoch
nichts daran, daß Apollinaire entweder des Diebstahls
schuldig ist oder nicht. Er selbst wußte es sicherlich. Im
Falle der Entwendung der *Mona Lisa* können wir sagen,
der Sachverhalt, daß Apollinaire die *Mona Lisa* gestohlen
hat oder nicht, ist unabhängig von unserem Wissen (unserer Kenntnis) über diesen Diebstahl. Diese Tatsache birgt
eine Wahrheit in sich, denn Apollinaire, die *Mona Lisa* und
der Louvre existieren in der Realität, unabhängig von unserer Wahrnehmung. Könnten wir das gleiche sagen, wenn
Apollinaire eine Romanfigur wäre? *The Big Sleep* von
Raymond Chandler endet, ohne daß der Leser erfährt, wer
der Mörder ist. Chandler hat sogar behauptet, er wisse es
selbst nicht.

Können wir also sagen, daß ein sich auf abstrakte Gegenstände beziehender Satz eine Wahrheit in sich birgt, die unabhängig ist von unserem Wissen (oder unserer Erkenntnismöglichkeit) über diese Wahrheit? Hierzu gibt es zwei unterschiedliche Positionen. Für die Platoniker* ist der Satz »Für alle x gilt: $0 + x = x$« wahr, egal ob man ihn beweisen kann oder nicht. Für die ganz strengen Platoniker rührt die Wahrheit dieses Satzes daher, daß die abstrakten Gegenstände eine eigene Wirklichkeit haben, auch wenn diese Wirklichkeit nicht sinnlich wahrnehmbar ist. Für gemäßigte Platoniker ist dieser Satz wahr, weil ein Zauberer mit der Fähigkeit, alle Zahlen aufzuzählen, erkennen würde, daß jede Zahl die erforderliche Eigenschaft besitzt. Er würde in nicht abbrechenden Beweisen daraus schließen, daß der Satz wahr ist. Der (erste) Gödelsche Unvollständigkeitssatz würde also lediglich unser partielles Unvermögen aufzeigen, diese Wahrheit mit einem endlichen System von Schlußregeln herauszufinden, genauer: zu beweisen. Der britische Mathematiker und Philosoph Bertrand Russell (1872-1970) ging sogar so weit, dieses Unvermögen etwas provokativ als »einfach medizinischer Natur« zu bezeichnen.

Die Platoniker unterscheiden also zwei nicht identische Begriffe, die Wahrheit und die Beweisbarkeit. Aus ihrer Sicht zeigt der Gödelsche Unvollständigkeitssatz, daß es wahre Dinge gibt, die nicht beweisbar sind. Die Nominalisten* lehnen diese Auffassung der Wahrheit ab. Sie vertreten die Ansicht, daß abstrakte Dinge ausschließlich in der Welt der Sinne existieren. Außerdem setzt der Begriff der endlosen, nicht abbrechenden Überprüfung den Glauben an einen mit übernatürlichen Fähigkeiten ausgestatteten Zauberer voraus. Diese Vorstellung wäre auf wissenschaftlicher Ebene völlig inakzeptabel. Es gibt also den Nominalisten zufolge keine andere Möglichkeit, als Wahrheit und Beweisbarkeit miteinander gleichzusetzen. Im Bereich der abstrakten Gegenstände liegt also für die Nominalisten die Wahrheit in einem logischen Schluß. Ein Satz ist wahr, wenn er beweisbar ist. Die Platoniker dagegen meinen, daß abstrakte Gegenstände eine eigene Wahrheit besitzen, die in einem logischen Schluß lediglich deutlich gemacht wird.

Die Zuverlässigkeit
des logischen Schließens

Logisches Schließen und Kalkül unterscheiden sich nach dem bisher Gesagten bereits in zwei Punkten. Im Gegensatz zum Kalkül beruht das logische Schließen zum einen nicht auf einer systematischen Methode und führt zum anderen nicht immer zu einem Ergebnis. Auf Logiksystemen (Logiksprache, Deduktionsregeln, Axiome) beruhende Theorien sind also nicht immer zu entscheiden und auch nicht immer vollständig. Es gibt keinen Logik-Kalkül, mit dem sich entscheiden ließe, ob eine Aussage die Folgerung aus einem Axiomensystem ist oder nicht. Darüber hinaus gibt es keinen vollständigen Logik-Kalkül, das heißt kein endliches System von Deduktionsregeln, mit dessen Hilfe alle wahren Aussagen aus einem Axiomensystem abgeleitet werden könnten. Demnach gibt es unentscheidbare und unvollständige Theorien. Nun bleibt uns noch, das letzte der drei Zuverlässigkeitsmerkmale, die wir weiter oben angeführt haben, zu untersuchen: die Widerspruchsfreiheit*. Darunter versteht man die Eigenschaft, keine zwei einander widersprechenden Antworten zu geben.

Die Tatsache, daß das logische Schließen nicht auf einer systematischen Methode beruht und nicht immer eine eindeutige Antwort gibt, zeigt gewisse Grenzen der deduktiven Methode auf, bedeutet jedoch nicht, daß diese gescheitert ist. Ganz im Gegenteil: Indem der (erste) Gödelsche

Unvollständigkeitssatz erklärt, daß die Wissenschaft nicht alle Fragen beantworten kann, hat er einigen Wissenschaftlern die Möglichkeit eröffnet, bestimmte Mängel der Wissenschaftsgläubigkeit* zu beheben. (Die Erkenntnis, daß man nicht alles weiß, ist ohnehin ein Privileg derer, die viel wissen). Aber wenn man in einem Logiksystem eine Aussage und deren Gegenteil beweisen kann, dann hat die formale Logik in der Tat versagt. Hinzu kommt folgendes: Wenn man mit Hilfe logischer Schlüsse eine Sache und ihr Gegenteil beweisen kann, dann wird sich der Widerspruch* auf das gesamte Logiksystem, auf die Logiksprache insgesamt erstrecken. Alle Sätze können dann mit einer *reductio ad absurdum* bewiesen werden, das heißt mit der Widerlegung einer Behauptung durch den Nachweis, daß in ihr eine Unsinnigkeit, ein logischer Widerspruch enthalten ist und daß die Annahme ihrer Gültigkeit zu einem Widerspruch mit gesicherten Thesen führt. Widersprüchliche Theorien enthalten falsche Definitionen des Individuenbereiches, denn in einem vorgegebenen Bereich ist es nicht möglich, daß ein Satz gleichzeitig richtig und falsch ist.

Von den drei Zuverlässigkeitsmerkmalen (Entscheidbarkeit, Vollständigkeit und Widerspruchsfreiheit) scheint die Frage nach der Widerspruchsfreiheit überhaupt die wichtigste zu sein – allem Anschein nach aber auch die unsinnigste oder überflüssigste, denn Widerspruchsfreiheitsbeweise sind in der Regel sehr überzeugend. Wenn man bewiesen hat, daß 1 nicht gleich 2 ist, dann setzt der Glaube an die Beweisbarkeit des Gegenteils – 1 ist gleich 2 – schon ein gehöriges Maß an Ignoranz voraus. Die Frage nach der Widerspruchsfreiheit ist von den Logikern lange Zeit vernachlässigt worden. Als man jedoch auf Widersprüche in einzelnen Theorien stieß, drängte sich die Frage zwangsläufig auf. Bevor wir diese Fragestellung im einzelnen erörtern, müssen wir uns zunächst den Schock vergegenwärtigen, den Mathematiker und Logiker zu Beginn des 20. Jahrhunderts erlitten, als sie die Widersprüche in der Mengenlehre* entdeckten.

Die Krise der Mengenlehre

Als die Mathematik noch in den Kinderschuhen steckte, gab es Objekte, die – obwohl abstrakt – eine gewisse Verbindung zu den Objekten der Erfahrung hatten: die natürlichen Zahlen und die geometrischen Figuren. Später haben sich die Mathematiker dann Objekten gewidmet, die kaum noch dem Bereich der Erfahrung angehören: den reellen Zahlen, den Gruppen, den Vektorräumen usw. Wenn neue mathematische Objekte eingeführt werden, dann geschieht dies stets mit Bedacht: Sie sind Hilfsmittel, mit denen Probleme, die sich mit den bekannten, bereits eingeführten Objekten ergeben, gelöst werden können. Der französische Mathematiker Évariste Galois (1811-1832) zum Beispiel hat den Gruppenbegriff eingeführt, um Probleme bei algebraischen Gleichungen zu lösen. Die Gruppentheorie bezog sich also auf Probleme, die schon vor ihrer Einführung existierten. So verhielt es sich auch, als der deutsche Mathematiker Georg Cantor (1845-1918) im Jahr 1872 neue Objekte in die Mathematik einführte, nämlich die Mengen, um Konvergenzprobleme von trigonometrischen Reihen zu lösen.

Auf den ersten Blick scheint der Mengenbegriff ziemlich unbedeutend zu sein. Georg Cantor hatte ihn sehr weit gefaßt. Er definierte eine Menge als »eine bestimmte Zusammenfassung von Objekten der Anschauung oder des Denkens«. Gemäß der Cantorschen Auffassung lassen sich alle Dinge mit einer bestimmten Eigenschaft zu einer Menge zusammenfassen. Bei der Eigenschaft »Detektiv«

kann man sich also vorstellen, alle Detektive in einen Topf zu werfen und so die Menge der Detektive zu erhalten. Neu ist bei Cantor die Tatsache, daß für ihn nicht mehr nur die Elemente der Mengen von Interesse sind, sondern die Eigenschaften der Menge selbst. Bei der Menge der Detektive zum Beispiel geht es nicht mehr bloß um die Feststellung, daß Sherlock Holmes ein Element dieser Menge ist, sondern darum, daß etwa die Menge der Detektive weniger Elemente enthält als die Menge der Einbrecher.

Mit dem Mengenbegriff taucht in Logiksystemen erneut der Begriff des Unendlichen auf. Das Unendliche bezieht sich aber nicht mehr ausschließlich auf die Vielzahl der Objekte. Manche Objekte, wie zum Beispiel die Menge der natürlichen Zahlen, werden zu individuellen, unendlichen Mengen. Vom potentiell Unendlichen sind wir übergegangen zum aktual, tatsächlich gebenen Unendlichen. In der Mathematik gibt es eine fundamentale Trennungslinie in der Auffassung des Unendlichen. Bei der aktualen Auffassung des Unendlichen ist es gestattet, von der Gesamtheit *aller* natürlichen Zahlen zu sprechen, genauso wie von der Gesamtheit der natürlichen Zahlen zwischen 10 und 100. Bei der potentiellen Auffassung des Unendlichen betont man hingegen, daß den Menschen die unendliche Gesamtheit aller Zahlen nicht komplett zur Verfügung steht, daß wir uns dieser Gesamtheit daher nur schrittweise nähern, sie aber nie erreichen können.

Cantor und Frege haben sehr verwandte Theorien entwickelt; Cantor die bereits erwähnte Mengenlehre, Frege ein logisches System. Beide Theorien enthalten ein schlecht formuliertes Axiom, das es erlaubt, von einer beliebigen Eigenschaft zum Begriff der Menge aller Objekte mit dieser Eigenschaft überzugehen. Von der Eigenschaft »Detektiv sein« können wir also übergehen zur Menge aller Detektive. Was bei diesem Mengenbildungsprinzip vergessen wird, ist die wichtige Voraussetzung, daß die Objekte, die möglicherweise die erforderlichen Eigenschaften besitzen und die betreffenden Bedingungen erfüllen, Objekte sein müssen, die *vor* der gebildeten Menge existieren. Im Mengenbildungsprinzip selbst liegt also eine Antinomie. Das Cantorsche Auswahlprinzip zeigt nämlich, daß die gebildete Menge, wenn sie als Objekt die vorausgesetzte Bedingung erfüllt, sich selbst als Element enthält. Gewiß ist die Menge der Detektive nicht selbst Detektiv, aber mit der Eigenschaft »eine unendliche Menge sein« kann man die Menge der unendlichen Mengen bilden. Da dieses Objekt selbst eine unendliche Menge ist, enthält es sich selbst als Element. 1897 hat der italienische Mathematiker Cesare Burali-Forti* (1861-1931) auf die Widersprüche in der Cantorschen Theorie hingewiesen. Bertrand Russell unterstützte diese Kritik fünf Jahre später.

Die Widersprüche in Cantors und Freges Theorien waren jedoch kein Weltuntergang. Mehrere Mathematiker haben Auswege aus der Krise der Mengenlehre gefunden und Lösungen für die Umgestaltung des zu weit gefaßten Auswahlprinzips vorgeschlagen. Der deutsche Mathematiker Ernst Zermelo (1871-1953) hat 1908 in seiner Theorie die Mengenbildung selbst durch bestimmte Axiome geregelt: Nach seinem Prinzip kann man mit bestimmten Eigenschaften Mengen bilden, aber nicht mit allen. So kann man zum Beispiel die Menge der geraden Zahlen bilden, aber nicht die Menge der unendlichen Mengen oder die Menge der Mengen, die sich nicht selbst als Element enthalten. Die Engländer Alfred North Whitehead (1861-1947) und Bertrand Russell wenden in ihrer Theorie (der Typentheorie) ein anderes Prinzip an. Bei ihnen werden die Objekte nach ihrem Wesen klassifiziert. In dieser Typenordnung gibt es Grundelemente, Mengen von Grundelementen (Mengen vom Typ 1) und Mengen von solchen Mengen (Mengen vom Typ 2) und so weiter. Eine Menge kann nur Elemente enthalten, die in dieser Hierarchie niedriger eingestuft sind als sie selbst. Die Frage, ob die Menge sich selbst als Element enthält, stellt sich dann gar nicht.

Mit der Aufstellung dieser Theorien war die Krise überwunden, und die Mathematik konnte sich weiterentwickeln. Grundsätzliche Fragen blieben jedoch bestehen. Wie war beispielsweise das Zustandekommen einer widersprüchlichen Theorie möglich gewesen? Was mußte getan werden, um dies in Zukunft zu vermeiden? Und schließlich blieb noch die Frage, ob Zermelos, Whiteheads und Russells verbesserte Theorien ihrerseits widerspruchsfrei waren. Das Problem der Widerspruchsfreiheit wurde zum zentralen mathematischen Grundlagenproblem des 20. Jahrhunderts: Jede neue Theorie wurde mit diesem Problem konfrontiert. Hilbert dachte das Problem zu Ende, als er an der Widerspruchsfreiheit einer so einfachen Theorie wie derjenigen der natürlichen Zahlen zweifelte.

Der Verzicht auf das Unendliche

Die Entdeckung der Widersprüche in Cantors und in Freges Theorien wirft ein neues Problem auf: Inwiefern können Wahrheit und Beweisbarkeit als Synonym verwendet werden? Wie wir gesehen haben, kann man mit der widersprüchlichen Mengenlehre alles mögliche beweisen. Aber ist die Beweisbarkeit ein Garant für die Wahrheit? Natürlich können wir ganz gezielt bestimmte Axiome festlegen; und nichts hindert uns daran, eine Theorie zu entwickeln, in der 1 gleich 2 ist. Die mathematische Wahrheit aber beruht nicht ausschließlich auf Axiomen, Deduktionsregeln und der Logiksprache, also auf Logiksystemen, sondern sie beruht vor allem auf Kalkülen. Die Gültigkeit des Satzes »1 ist gleich 2« kann nicht deduktiv abgeleitet werden, weil dieser Satz nicht einmal kalkülmäßig ableitbar ist. Da das logische Schließen eine Weiterführung des Kalküls ist, müssen die Verfahren bei Sätzen, die aus beiden Verfahren ableitbar sind, in ihren Ergebnissen übereinstimmen. Wir haben gesehen, daß kalkülmäßig ableitbare Sätze beweisbar sind. Jetzt müssen wir uns dem symmetrischen Prinzip zuwenden, welches besagt, daß kalkülmäßig nicht ableitbare Sätze auch nicht beweisbar sind.

Ein solches Problem ist im Schulunterricht keine Seltenheit. Eines Tages gab einmal ein Volksschullehrer seinen Schülern folgende Rechenaufgabe: Sie sollten alle Zahlen von 1 bis 100 zusammenzählen $(1 + 2 + 3 + ... + 100)$. Während seine Klassenkameraden mühselig eine Zahl nach der anderen addierten, präsentierte ein Schüler nach wenigen Augenblicken die richtige Lösung: 5050. Dieser Schüler war niemand anderes als Carl Friedrich Gauß (1777-1855), der später ein berühmter Mathematiker werden sollte. Ihm war nämlich aufgefallen, daß er immer den Wert 101 erhielt, wenn er die 1 der 100, die 2 der 99, die 3 der 98, ... die 50 der 51 zuordnete. Man mußte lediglich 50 mit 101 multiplizieren, um das Ergebnis 5050 zu erhalten. Gauß hatte mit etwa neun oder zehn Jahren das Prinzip der Summenformel für die arithmetische Reihe entdeckt. In diesem Fall wurde mit einem logischen Schluß ein Ergebnis erzielt, das auch kalkülmäßig abgeleitet werden konnte. Dem kleinen Gauß ging es darum, daß der Satz »$1 + 2 + 3 + ... + 100 = 5050$«, den er deduktiv bewiesen hatte, auch kalkülmäßig beweisbar war, denn andernfalls wäre sein Ergebnis anders als das des Lehrers oder der Mitschüler und somit falsch gewesen. In der Theorie von Gauß dürfte man also keine Sätze beweisen können, die kalkülmäßig nicht ableitbar waren.

Damit in einer Theorie kein Satz bewiesen werden kann, der kalkülmäßig nicht ableitbar ist, muß diese Theorie widerspruchsfrei sein. Wenn man in einer Theorie den kalkülmäßig nicht ableitbaren Satz »1 + 2 + 3 + ... + 100 ≠ 5050«, also den falschen Satz, beweisen kann und zugleich auch dessen Gegenteil, also den wahren Satz »1 + 2 + 3 + ... + 100 = 5050«, dann ist die Theorie widersprüchlich.

Das Bemühen um die Widerspruchsfreiheit entspricht also in der Tat dem Streben nach der Wahrheit der bewiesenen Sätze. Denn wenn die Theorie und deren Logiksystem widerspruchsfrei sind und wenn sie es erlauben, Kalküle zu simulieren, dann sind alle kalkülmäßig ableitbaren und bewiesenen Sätze im Sinne des Kalküls wahr – während kalkülmäßig nicht ableitbare Sätze nur auf ihre Folgesätze hin beurteilt werden. Man könnte beinahe sagen, es spiele keine Rolle, ob ein allgemeiner Satz als deduktiv hergeleiteter Satz wahr oder falsch ist, und nur seine kalkülmäßig ableitbaren Folgesätze seien von Bedeutung. So ist zum Beispiel der Satz »Für alle x gilt: $x + 1 = x$« falsch, weil der Folgesatz »$0 + 1 = 0$«, der kalkülmäßig ableitbar ist, ebenfalls falsch ist. Gleiches gilt für den Satz »Alle Palindrome enthalten den Buchstaben a«. Der Satz ist falsch, weil sein kalkülmäßig ableitbarer Folgesatz »Das Wort ›tot‹ enthält den Buchstaben a« auch falsch ist.

Kann die Widerspruchsfreiheit eines logischen Systems mit den Mitteln des Systems selbst bewiesen werden?

Die Entdeckung widerspruchsvoller Theorien läßt Zweifel an der Zuverlässigkeit des logischen Schließens überhaupt aufkommen. Man kann sich nämlich fragen, ob es vernünftig ist, die Widerspruchsfreiheit eines logischen Systems mit den Mitteln des Systems selbst, das heißt mit der Logiksprache, mit den Deduktionsregeln und mit den Axiomen, zeigen zu wollen. Cantors Mengenlehre und Freges logisches System sind widersprüchliche Theorien, beweisen aber scheinbar ihre eigene Widerspruchsfreiheit, weil in ihnen alle Sätze bewiesen werden können. Damit gerieten wir jedoch auf einen Holzweg. Erinnern wir uns: Eine Theorie ist dann widerspruchsfrei, wenn nicht alle Aussagen, vor allem nicht gleichzeitig eine Aussage und deren Negation, abgeleitet werden können. Hüten wir uns also vor der angeblichen Widerspruchsfreiheit von Cantors und Freges Theorien (sie sind in Wahrheit das genaue Gegenteil). Man soll einer Theorie, die ihre eigene Widerspruchsfreiheit beweist, nicht mehr Glauben schenken als einem Fremden, der einen Eid auf seine Ehrlichkeit schwört. Entweder man vertraut diesem Fremden, und sein Eid erübrigt sich, oder man glaubt ihm nicht, und dann wird auch sein Eid nichts ändern können. Wenn man an der Ehrlichkeit des Fremden zweifelt, dann muß man sich an anderer Stelle über ihn erkundigen. Ähnlich verhält es sich mit der Widerspruchsfreiheit einer Theorie. Will man zum Beispiel sichergehen, daß eine Theorie A widerspruchsfrei ist, so muß man diese Widerspruchsfreiheit mit einer Theorie B beweisen, über deren Widerspruchsfreiheit es keinen Zweifel gibt. Ein solcher Beweis belegt dann die Widerspruchsfreiheit der Theorie A, denn wenn die Theorie A widerspruchsvoll wäre, könnte man dies mit der Theorie B beweisen. Die Theorie B würde nämlich zeigen, daß A zugleich widerspruchsfrei und widersprüchlich ist, und das bedeutet, daß A widersprüchlich ist.

Ein Widerspruchsfreiheitsbeweis ist freilich immer relativ*, denn die Widerspruchsfreiheit einer Theorie wird auf die Widerspruchsfreiheit einer anderen zurückgeführt. Die absolute Widerspruchsfreiheit eines Logiksystems kann man nicht beweisen, denn außerhalb der im Logiksystem selbst zur Verfügung stehenden Ausdrucksmöglichkeiten gibt es keine Mittel, um die Widerspruchsfreiheit zu zeigen.

Anfang des 20. Jahrhunderts ging es den Mathematikern aber nicht darum, die absolute Widerspruchsfreiheit formaler Systeme zu beweisen. Ihr Ziel war vielmehr, neue Objekte – nämlich die Mengen – in Logiksysteme zu integrieren und die Widerspruchsfreiheit neuer Logiksysteme in Verbindung mit solchen Objekten zu beweisen, wie sie Zermelos, Whiteheads und Russells Theorien darstellten. Zu diesem Zweck konnte man, eine elementare Theorie heranziehen, deren Widerspruchsfreiheit vergleichsweise gesichert erschien.

Wir haben gesehen, daß eines der Hauptziele des Hilbertschen Programms darin bestand, mathematische Theorien auf Logik-Kalküle zurückzuführen (vgl. S. 45 ff.). Darüber hinaus sollte das Programm die Widerspruchsfreiheit der mathematischen Beweisführung überhaupt sichern, und zwar durch elementare Methoden. Hilberts anvisiertes Ziel war eine Beweistheorie, die endliche Kontrollmethoden für korrekte kalkülmäßige Beweise liefern sollte. Er beabsichtigte, dem mathematischen Gebäude ein neues Stockwerk hinzuzufügen. Hilbert wollte die verschiedenen mathematischen Disziplinen aus vorgegebenen Axiomen durch logische Schlüsse entwickeln und belegen, daß so auch der Umgang mit transfiniten (unendlichen) Mengen durch finite (endliche) Methoden gerechtfertigt werden kann. Hilbert wollte zeigen, daß in der Arithmetik, in der Analysis sowie in der allgemeinen Mengenlehre ein Widerspruch nicht möglich ist, sofern man diese Theorien aus geeigneten Axiomensystemen deduktiv entwickelt. Hilberts hochgestecktes Ziel, einerseits formale Systeme auf Kalküle zurückzuführen, andererseits die gesamte

Mathematik als einen einzigen Kalkül aufzufassen, der vollständig und widerspruchsfrei ist, konnte nicht verwirklicht werden, wie Churchs und Turings Ergebnisse zeigen.

Direkte und indirekte Beweise

Andere Wege, um die Widerspruchsfreiheit einer Theorie zu zeigen, fand der deutsche Mathematiker Gerhard Gentzen (1909-1945). Gentzen stand in der Tradition des Hilbertschen Programms, zu dessen Tragfähigkeit seine Arbeiten wesentlich beitrugen. Auch bei Gentzen war das zentrale Thema das Problem der Widerspruchsfreiheit mathematischer Theorien. Gentzens Idee beruht auf dem Gegensatz zwischen zwei Arten von Beweisen: den direkten* und den indirekten Beweisen. Bei einem indirekten Beweis wird ein Problem als allgemeines Problem gelöst und dann auf einen Spezialfall angewendet. Der direkte Beweis des Satzes »1 + 2 + 3 + ... + 100 = 5050« besteht darin, die einzelnen Additionen der Reihe nach auszuführen. Der Beweis des Schulknaben Gauß ist ein indirekter Beweis. Wenn man sein Argument auf eine allgemeine Formel bringt, so lautet diese, daß für jede Zahl n, $1 + 2 + 3 + ... + 2 \times n = n \times (2 \times n + 1)$. Dieses Ergebnis wird sodann auf den speziellen Fall angewendet, in dem n den Wert 50 hat.

Gentzen hat gezeigt, daß der direkte Beweis eines kalkülmäßig ableitbaren Satzes eine Simulation dieses Kalküls darstellt. Es kann also keinen direkten Beweis für kalkülmäßig ableitbare und falsche Sätze wie »1 + 2 + 3 + ... + 100 ≠ 5050« geben. Gentzen hat weiter gezeigt, daß jeder indirekte Beweis auf einen direkten Beweis zurückgeführt werden kann. Zu diesem Zweck hat er einen Kalkül entwickelt, mit dem man, vom indirekten Beweis ausgehend, zum direkten Beweis gelangen kann. Mit dieser Methode lassen sich Umwege in den Beweisen beseitigen, indem ein allgemeiner, anschließend im Spezialfall angewandter Beweis durch einen (unmittelbaren) Beweis des Spezialfalles ersetzt wird. Bei diesem Verfahren handelt es sich um das sogenannte »Vollständige Schlußregelsystem« (oder auch Prädikatenkalkül) von Gentzen. Eine Besonderheit des mathematischen Schließens ist die Verwendung von Annahmen. Zu den Annahmen, die während eines Beweises innerhalb einer mathematischen Theorie eingeführt werden, gehören die Axiome dieser Theorie, auf welche im Verlauf des Beweises zurückgegriffen wird. Des weiteren führt der Mathematiker ab und zu noch andere (unbewiesene) Annahmen ein, die an der jeweiligen Stelle des Beweises vielleicht weiterhelfen könnten. Solche willkürlichen Annahmen müssen natürlich später wieder beseitigt werden. Bei einem indirekten Beweis ist die Sache etwas komplizierter. Angenommen wird hier willkürlich das Negat des zu beweisenden Satzes (bzw. die Aussage selbst, falls es um den Beweis der Negation einer Aussage geht). Anschließend versucht man, diese Annahme im Lauf des Beweises ad absurdum zu führen, das heißt, aus ihr zwei sich widersprechende Resultate abzuleiten.

Wenn der Schüler Gauß zum Beispiel seinen indirekten Beweis geführt, aber Zweifel an dessen Richtigkeit gehabt hätte, dann hätte er nur Gentzens Methode anzuwenden brauchen, um zum direkten Beweis zu gelangen (d. h. zu der vom Lehrer geforderten Rechenaufgabe). Er hätte dann beruhigt feststellen können, daß es sich bei seinem Beweis um einen korrekten kalkülmäßigen Schluß handelte.

Um aber die Widerspruchsfreiheit dieses Verfahrens zu beweisen, um also zu zeigen, daß es immer zu einem Ergebnis führt und nicht endlos fortgeführt werden kann, muß man eine umfassendere Theorie mit größeren Aus-

drucksmöglichkeiten heranziehen. Mit den Widerspruchs-
freiheitsbeweisen nach der Art Gentzens läßt sich das
Hilbertsche Programm aber nicht verwirklichen, denn um
die Widerspruchsfreiheit der Mengenlehre zu beweisen,
müßte man eine umfassendere, also weniger gesicherte
Theorie anwenden als diejenige, die man sichern soll. Es
bleibt also beim Fehlschlag dieses Programms.

Der zweite Gödelsche Unvollständigkeitssatz

Mit seinem zweiten Unvollständigkeitssatz hat Gödel
gezeigt, daß dieser Fehlschlag nicht auf einen Fehler in der
Gentzenschen Methode zurückzuführen ist, sondern daß er
unvermeidbar war. Denn dieser zweite Unvollständigkeitssatz besagt, daß keine widerspruchsfreie Theorie die
Widerspruchsfreiheit einer allgemeineren Theorie zeigen
kann. Das Hilbertsche Programm, das die Widerspruchsfreiheit möglichst aller mathematischen Theorien durch
elementare, endliche Methoden zeigen will, ist also nicht
erfüllbar.

Der erste Unvollständigkeitssatz von Gödel besagt, daß
es in allen Theorien unbestimmte Sätze gibt. Der zweite
Unvollständigkeitssatz Gödels zeigt sozusagen, daß der
Satz »Die Theorie T ist widerspruchsfrei« in einer Theorie
T immer einer der unbestimmten Sätze ist. Keine widerspruchsfreie Theorie kann ihre eigene Widerspruchsfreiheit selbst beweisen, erst recht nicht die Widerspruchsfreiheit einer umfassenderen oder höheren Theorie. Es gibt
also keine elementare Methode, mit der man die Widerspruchsfreiheit der Theorien Zermelos, Whiteheads und
Russells zeigen könnte. Immerhin ist die Widerspruchsfreiheit der genannten Theorien recht wahrscheinlich, da es
bisher niemandem gelungen ist, das Gegenteil zu beweisen.

Kalkül und formale Logik

Im Endeffekt unterscheiden sich Kalkül und formale Logik in fast allen Zuverlässigkeitskriterien. Der Kalkül beruht auf einer systematischen Methode, er gibt immer eine Antwort, und er liefert niemals zwei sich widersprechende Antworten.

Dagegen kann, wie Churchs und Turings Satz zeigt, die Suche nach einem logischen Beweis nicht auf die Anwendung einer systematischen Methode reduziert werden, sondern lediglich auf die Anwendung einer partiellen Methode, die ihre Suche endlos fortsetzt, wenn der Satz nicht beweisbar ist. Der erste Gödelsche Unvollständigkeitssatz zeigt, daß formale Systeme nicht immer entscheidbar sind. Was das dritte Merkmal (die Widerspruchsfreiheit) betrifft, so ist der Unterschied subtiler. Der zweite Gödelsche Unvollständigkeitssatz zeigt (zum Glück) nicht, daß formale Systeme grundsätzlich widerspruchsvoll sind, sondern daß man deren Widerspruchsfreiheit nicht beweisen kann, es sei denn, man beruft sich auf allgemeinere Prinzipien, die aber weniger gesichert sind als die, deren Widerspruchsfreiheit man sichern soll.

Diese negativen Ergebnisse sind zweifellos ernüchternd, und sie haben zu Beginn dieses Jahrhunderts, als im Bereich der Wissenschaften Skepsis und Bescheidenheit nicht sehr angesagt waren, die Mathematik in ihren Grundfesten erschüttert. Wer glaubte, nun sei das Ende der formalen Logik gekommen, und die Lösung aller Probleme stünde unmittelbar bevor, der mußte nach Churchs und Turings Erkenntnissen einsehen, daß seine Hoffnungen illusorisch waren. Und wer andererseits die Existenz unlösbarer Probleme grundsätzlich verneinte, der mußte nach dem ersten Gödelschen Unvollständigkeitssatz einräumen, daß in allen Theorien Fragen verblieben, die durch Axiome nicht endgültig entschieden werden konnten. Diejenigen schließlich, die in der formalen Strenge der Logik eine Garantie für ihre Sicherheit sahen, mußten nach dem zweiten Gödelschen Unvollständigkeitssatz folgendes erkennen: Auch wenn sich jeder Satz in einem logischen System aus den vorangegangenen durch exakt festgelegte Schlußregeln ableiten läßt, gibt es keine Garantie, daß diese Regeln eine widerspruchsfreie Theorie bilden und folglich die abgeleiteten Sätze wahr sind.

Man konnte sich also der Erkenntnis nicht verschließen, daß die formale Logik zwar ein sehr effizientes Instrument ist, daß ihre Möglichkeiten aber auch an gewisse Grenzen stoßen.

Die formale Logik, die als eine Weiterentwicklung des Kalküls eingeführt wurde, zeigt ihre wahre Natur erst bei näherer Betrachtung. Sie beruht nicht auf einer systematischen Methode, sie gibt nicht immer eine Antwort, und ihre Widerspruchsfreiheit kann nicht bewiesen werden.

Ist die Einsicht in das Wesen der formalen Logik eine Hilfe beim logischen Schließen?

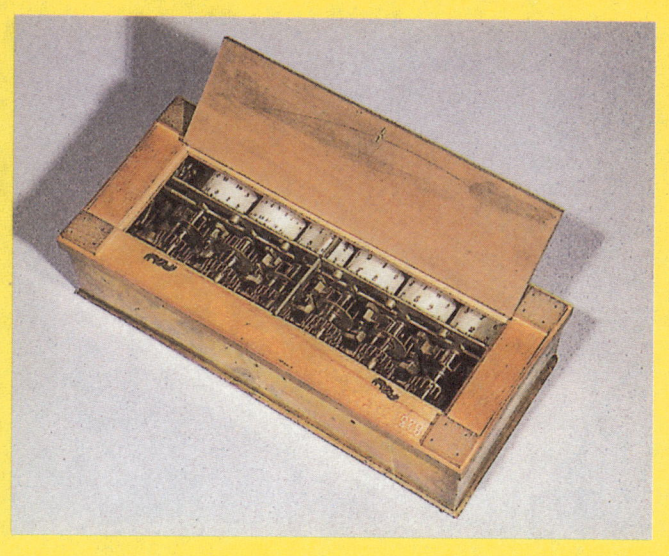

Die am gerechtesten
verteilte Gabe?

*Der gesunde Menschenverstand ist die Gabe,
die in unserer Welt am gerechtesten verteilt ist.*

René Descartes

Auf den ersten Blick nimmt die Logik einen eigentümlichen Stellenwert in unserem Wissen ein. Die Arithmetik untersucht die Zahlen, die Geometrie die Figuren in der Ebene und im Raum. Die Logik dagegen ist die Lehre vom richtigen Schließen. Sie ist also die grundlegende Methode der Arithmetik, der Geometrie und anderer mathematischer Disziplinen. Es ist nicht die vorrangige Aufgabe der Logiker, Probleme zu lösen, sondern vielmehr, die Art und Weise zu erklären, wie andere Leute Probleme lösen. Die formale Logik kann demnach als ein Diskurs zweiten Grades verstanden werden, als Metadiskurs, das heißt als Diskurs über einen Diskurs.

Welche Schlußfolgerungen ergeben sich, wenn man die formale Logik auf diese Weise auffaßt? Ist die Erforschung der formalen Logik etwa Selbstzweck, legitimiert einzig und allein durch intellektuelle Neugier? Oder ist die formale Logik nützlich, gar notwendig, um logisch zu schließen? Zunächst müssen wir klarstellen, daß diese Frage mit keinem Werturteil verbunden ist. Auch wenn die Logik Selbstzweck sein sollte, so schmälert dies in keiner Weise ihre Bedeutung. Ganz im Gegenteil, denn man könnte den Standpunkt vertreten, daß »die Würde des menschlichen

---

Geistes« ausschließlich in der unwillkürlichen Neugierde liegt. Es ist interessant zu erklären, warum ein Fahrrad die Balance hält, auch wenn das Wissen um die Gründe beim Radfahren selbst nicht von praktischem Nutzen ist.

Die These, daß eine Beweistheorie keine Wirkung auf die formale Logik selbst habe, wird durch das traditionelle Argument bestätigt, daß der Mensch über die angeborene Fähigkeit des logischen Schließens verfüge. Der gesunde Menschenverstand, so hat es den Anschein, ist die Eigenschaft, die in unserer Menschenwelt am gerechtesten verteilt ist. In diesem Sinne müßte man die Logik der Epistemologie* zuordnen, der Erkenntnistheorie also. Die Logik wäre demnach ein Diskurs über den Diskurs. Da aber der gesunde Menschenverstand ausreicht, um logisch zu denken, hätte die Logik keinerlei Einfluß auf die formale Logik selbst.

Uns bleiben also zwei Möglichkeiten: Entweder ist die formale Logik eine glasklare und selbstverständliche Sache. Ihre Erforschung wäre dann ein völlig unbegründetes Vorhaben, auf das man eventuell sogar verzichten könnte. Oder aber das logische Schließen ist keine so selbstverständliche Angelegenheit, wie es zunächst scheinen mag. Um diese beiden Standpunkte gegeneinander abzuwägen, werden wir im folgenden exemplarisch einige Probleme untersuchen, bei denen eine Beweistheorie Lösungen zu bieten scheint. Zunächst erörtern wir Probleme, die gemäß ihres Wesens eine Lösung der zweiten Stufe erfordern. Dann werden wir sehen, daß einige elementare Probleme ebenfalls eine Lösung der höheren Stufe erfordern. Schließlich können wir von einigen berühmten Auseinandersetzungen über die Gültigkeit bestimmter formaler Systeme berichten. Dabei wird sich zeigen, wie die Logik manchmal ihren Beitrag leisten kann, die Diskussion voranzubringen.

Noch mehr Fragen

Die algebraischen Gleichungen

Beginnen wir mit dem Beispiel der algebraischen Gleichungen. 1832 hatte der bereits erwähnte französische
Mathematiker Évariste Galois die Ergebnisse seines nor-
wegischen Kollegen Niels Henrik Abel bestätigt, wonach
die Lösungen algebraischer Gleichungen sechsten (und
höheren) Grades nicht nach einer allgemeinen Methode
formuliert werden konnten – wie etwa bei der Addition, der
Multiplikation, dem Quotienten, der Wurzel und so weiter.
Vergleichsweise einfach war die Suche nach einer Methode, die lediglich angab, ob eine Gleichung lösbar war
oder nicht.

Alfred Tarski hat 1930 eine solche Methode entwickelt.
Sie beruht auf der Tatsache, daß die Theorie der reellen
Zahlen (ganze Zahlen oder Dezimalzahlen) eine entscheidbare, aus einem Kalkül ableitbare Theorie ist. Vor allem
existiert ein Kalkülverfahren, mit dem sich entscheiden
läßt, ob ein Satz der speziellen Form »Es gibt ein x, es gibt
ein y ..., so daß $a = b$« beweisbar ist oder nicht, das heißt,
ob die Gleichung »$a = b$« lösbar ist oder nicht.

Hilbert hingegen hatte 1900 die Frage aufgeworfen, ob
sich eine ähnliche Methode für die algebraischen Gleichungen im Bereich der natürlichen Zahlen finden läßt.
Jurij Matijasewitsch (1947 geboren) hat 1970 nachgewie-

sen, daß ein solches Verfahren nicht existiert. Statt dessen hat er Churchs und Turings Resultate verallgemeinert und gezeigt, daß es kein Kalkülverfahren gibt, das entscheiden kann, ob ein Satz des Typs »Es gibt ein x, ein y und ein z, so daß »$a = b$« in der Theorie der natürlichen Zahlen beweisbar ist oder nicht, das heißt, ob die Gleichung »$a = b$« lösbar ist oder nicht.

Die formale Logik, die eine Theorie der zweiten Stufe ist, hat mit Erfolg dazu beigetragen, ein Lösungsverfahren für Gleichungen zu finden. Der Erfolg ist darauf zurückzuführen, daß diese Probleme selbst Probleme zweiter Stufe sind. Es geht nämlich nicht darum, eine spezielle Gleichung zu lösen, sondern um die Entwicklung einer Methode, mit der man alle Gleichungen eines bestimmten Typs lösen kann, oder um den Nachweis, daß es eine solche Methode nicht gibt.

Die Computer

Ein anderes Problem der zweiten Stufe, bei dessen Lösung die Logik eine hilfreiche Rolle spielte, ist die Entwicklung von Rechenmaschinen. Dieses Thema ist schon sehr alt. Vom Rechenbrett und vom Abakus einmal abgesehen, sind die ersten mechanischen Maschinen von Wilhelm Schickard (1592-1635), Blaise Pascal (1623-1662), Gottfried Wilhelm Leibniz (1646-1716) und Charles Babbage (1792-1871) entwickelt worden.

Schickards und Pascals Maschinen konnten Additionen durchführen, die Rechenmaschine von Leibniz beherrschte schon die Multiplikation. Mit der Maschine von Babbage konnten noch weitere Berechnungen ausgeführt werden, wie zum Beispiel die Errechnung von Funktionstabellen. Keine dieser Maschinen war jedoch in der Lage, jede beliebige Berechnung auszuführen. Erst im 20. Jahrhundert sind solche Maschinen konstruiert worden: die Computer*.

Die abstrakten Logik-Kalküle, entwickelt in den dreißiger Jahren, haben es dann ermöglicht, die Grundoperationen zu definieren, die eine solche Maschine beherrschen muß, um universell zu sein. Diese Grundlagenforschung hat die Entwicklung der ersten Computer vorangetrieben, die wir zwei Logikern, John von Neumann (1903-1957) und dem mehrfach erwähnten Alan Turing, zu verdanken haben. Noch heute werden diese abstrakten Modelle angewendet, um zu zeigen, daß einige Fragen, die sich die Informatiker stellen, nicht aus einem Kalkül ableitbar sind (zum Beispiel die Frage, ob zwei Programme das gleiche leisten). Auch Programmiersprachen wie LISP oder PROLOG lehnen sich in ihren Prinzipien an die formalen Logik-Kalküle an.

Rechenmaschinen und Beweismaschinen

Die formale Logik stellt ein derartiges Kalkülmodell dar. Wie wir gesehen haben, kann ein Kalkül immer durch einen logischen Schluß formuliert werden. Zwei und zwei zusammenzuzählen, um vier zu erhalten, heißt nichts anderes, als den Satz »2 + 2 = 4« zu beweisen. Zu prüfen, ob Iokastes Ehemann der Vater von Ödipus ist, bedeutet, daß man den Satz »Iokastes Ehemann ist der Vater von Ödipus« beweist. Genauso verhält es sich, wenn man den Vorgänger von 12 berechnet, um 11 zu erhalten: Man beweist den Satz »11 ist der Vorgänger von 12«.

Allgemein gesprochen: Den Vorgänger einer Zahl x zu berechnen bedeutet, eine Zahl y und einen Beweis des Satzes »y ist der Vorgänger von x« zu finden. Man kann auch einen konstruktiven Beweis des Satzes »Es gibt ein y, so daß y der Vorgänger von x ist« suchen, das heißt einen Existenzbeweis, in dem ein konkretes Beispiel angeführt wird. Eine derartige Suche kann natürlich von einem Computer durchgeführt werden. Denn wie wir gesehen haben, gibt es partielle Kalkülverfahren, die einen logischen Schluß für beweisbare Sätze suchen. Natürlich wird der Computer seine Suche endlos fortsetzen, wenn der Satz nicht beweisbar ist.

Anstatt die Computer zu perfekten Rechenmaschinen zu machen, kann man sie also auch als Beweismaschinen konzipieren. Dieses Prinzip dient als Grundlage für Programmiersprachen, wie etwa der Programmiersprache PROLOG (Abkürzung für Programmierung in Logik). In einer solchen Formelsprache programmiert man die Berechnung des Vorgängers einer Zahl, indem man die Definition »y ist der Vorgänger von x, wenn $x = y + 1$ ist« angibt. Damit der Computer den Vorgänger von 12 berechnet, gibt man ihm den Befehl, einen konstruktiven Beweis* des Satzes »Es gibt ein y, so daß y der Vorgänger von 12 ist« zu ermitteln. Aus diesem Beweis leitet man dann das Ergebnis 11 ab.

Programmierung mit Beweisen

Selbstverständlich geht man bei komplexen Problemen gewisse Risiken ein, wenn man den Computer selbständig nach Beweisen suchen läßt. In diesem Fall kann man, zusätzlich zu der zu beweisenden Definition, die Programme mit gewissen Anweisungen versehen, welche die Beweissuche unterstützen. Eine Möglichkeit derartiger Anweisungen zum Beweis eines Spezialfalles läge darin, dem Computer einen Beweis des allgemeinen Falles einzugeben. Beispielsweise gibt man für die Berechnung des

Vorgängers einen Beweis des Satzes »Für alle x (Null ausgeschlossen; in mathematischer Schreibweise: $x \neq 0$) gilt, es gibt ein y, so daß y der Vorgänger von x ist« ein. Wenn man dann das Programm am Beispiel der Zahl 12 anwendet und ein Beweis des Satzes »Es gibt ein y, so daß y der Vorgänger von 12 ist« gesucht werden muß, dann braucht man zur Führung dieses Beweises lediglich den Beweis des allgemeinen Falls anzuwenden.

Auf der Grundlage derartiger Formelsprachen bedeutet Programmieren, daß man zunächst definiert, welcher Bestandteil eines Satzes berechnet werden soll. Sodann muß man zeigen, wie man ihn durch einen Beweis des entsprechenden Satzes berechnen kann. Die Berechnung selbst besteht darin, daß man den Beweis auf einen Spezialfall anwendet und anschließend das Beispiel im konstruktiven Beweis wiederfindet.

Die Entwicklung von Programmiersprachen erfordert in erster Linie Beweisverarbeitungssysteme (im Sinne von »Textverarbeitungssystemen«), die folgendes leisten: Beweise suchen, die Gültigkeit von in den Programmen formulierten Beweisen überprüfen, in den konstruktiven Beweisen Beispiele wiederfinden, erkennen etc. Um solche Systeme entwickeln zu können, bedarf es einer Beweistheorie, mithin auch einer Theorie der formalen Logik.

Wie wir sehen, hat es in der Mathematik schon immer Probleme der zweiten Stufe gegeben: die Entwicklung von Methoden zur Problemlösung, die Entwicklung von Rechenmaschinen, Programmiersprachen und so weiter. Dieses formale Vorgehen scheint untrennbar verbunden mit der formalen Logik selbst. Die Lösung dieser Probleme wiederum erfordert ebenfalls eine Theorie der zweiten Stufe, nämlich eine Beweistheorie.

Noch mehr Antworten

Kommen wir jetzt zu den gewöhnlichen Problemen, den Problemen der ersten Stufe, die jedoch eine Lösung der zweiten Stufe erfordern.

Die geometrischen Axiome

In der von Euklid formulierten Geometrie findet sich unter anderem das Axiom, daß es zu je zwei verschiedenen Punkten P und Q genau eine Gerade g gibt, auf der P und

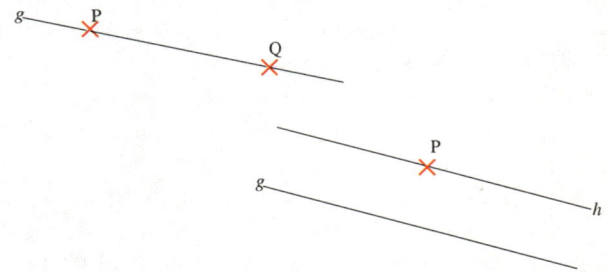

Zwei geometrische Axiome
Zu je zwei verschiedenen Punkten P und Q gibt es genau eine Gerade g, auf der P und Q liegen (oben).
Das Parallelenaxiom: Zu jeder

Geraden g und jedem Punkt P, der nicht auf g liegt, gibt es genau eine Gerade h, auf der P liegt und die mit g keinen Punkt gemeinsam hat: die sogenannte Parallele zu g durch P (unten).

Q liegen. Ein anderes Axiom besagt, daß zu jeder Geraden *g* und jedem Punkt *P*, der nicht auf *g* liegt, es genau eine Gerade *h* gibt, auf der *P* liegt und die mit *g* keinen Punkt gemeinsam hat (die sogenannte Parallele zu *g* durch *P*).

Dieses Axiom, das sogenannte Parallelenaxiom, war sehr lange umstritten. Viele Mathematiker betonten, dieser Satz besäße nicht das erforderliche Maß an Selbstverständlichkeit, um ein Axiom zu sein. Es handele sich vielmehr um einem Satz, den es erst zu beweisen gelte. Die Tatsache, daß es Euklid offenbar nicht gelungen sei, diesen Satz zu beweisen, erlaube es nicht, ihn als Axiom festzulegen. Einige mathematische Probleme entzogen sich jahrelang, sogar jahrhundertelang einer Lösung, und niemand kam auf die Idee, ihre Aufgabenstellung selbst als Axiom festzulegen. Generationen von Mathematikern haben versucht, die Geometrie ohne dieses Axiom aufzubauen. Sie waren bemüht, es aus den anderen »echten« geometrischen Axiomen abzuleiten, die auf Euklid zurückgehen.

Diese Bemühungen blieben jedoch ergebnislos, so daß man sich schon im 19. Jahrhundert fragte, ob das Parallelenaxiom in der Theorie der übrigen euklidischen Axiome überhaupt zu beweisen sei. Wenn dieses Axiom nicht zu beweisen ist, dann kann man es entweder als solches festlegen oder vom Gegenteil ausgehen, ohne daß Widersprüche entstünden. Dieser Gedanke markiert die Geburtsstunde der nichteuklidischen* Geometrien. Nikolai Iwanowitsch Lobatschewski (1792-1856) und János Bólyai (1802-1860) haben eine Geometrie entwickelt, in der zu einer Geraden in einem nicht auf ihr liegenden Punkt mindestens zwei Geraden existieren, die die erstere nicht schneiden. Bernhard Riemann (1826-1866) hat eine Geometrie formuliert, in der zu einer Geraden in einem nicht auf ihr liegenden Punkt keine Gerade existiert, die die erste nicht schneidet (anders formuliert: Zwei Geraden schneiden sich immer). Das Vorhaben, das darauf abzielte, das Parallelenaxiom zu beweisen, wurde also durch das umgekehrte Vorhaben ersetzt: durch die Absicht, die Widerspruchsfreiheit der nichteuklidischen Geometrien zu beweisen, das heißt die Unmöglichkeit, das Parallelenaxiom zu beweisen.

In diesem Zusammenhang war es Poincaré, der betont hat, daß die Axiome die Bedeutung der Wörter zum Ausdruck bringen (vgl. oben S. 25). Wenn man nun das Axiom festlegt, demzufolge zu einer Geraden in einem nicht auf ihr liegenden Punkt wenigstens zwei Geraden existieren, welche die erstere nicht schneiden, dann heißt das, daß die Wörter »Gerade«, »Punkt« und »liegt auf« oder »geht durch« nicht mehr ihre ›natürliche‹ Bedeutung haben, als ob sie in einer fremden Sprache ausgedrückt wären, in der – wie Jorge Luis Borges sagen würde – die Wörter zufällig die gleichen sind wie in unserer Sprache, in der sie aber eine andere Bedeutung haben.

Wir können also vereinbaren, daß der Begriff »Punkt« in dieser speziellen Sprache eine der Geschmacksrichtungen von Speiseeis bezeichnet: Himbeere, Zitrone, Aprikose und Kiwi. Eine »Gerade« ist dann ein Eis mit zwei Geschmacksrichtungen. Eine »Gerade« geht durch einen »Punkt«, wenn diese Geschmacksrichtung in der Zusammensetzung des Speiseeises vorkommt. In dieser Deutung sind die oben angeführten euklidischen Axiome wahr, denn zu je zwei verschiedenen »Punkten« gibt es genau eine »Gerade«, auf der beide »Punkte« liegen.

Das Parallelenaxiom ist ebenfalls wahr: Zu jeder »Geraden« *g* und zu jedem »Punkt« *P*, der nicht »auf ihr liegt«, gibt es genau eine »Gerade« *h*, auf der »Punkt« *P* liegt und die mit der »Geraden« *g* keinen »Punkt« gemeinsam hat.

Es gibt noch ein anderes Modell, in dem die geometrischen Grundbegriffe nicht mehr ihre ursprüngliche ›natür-

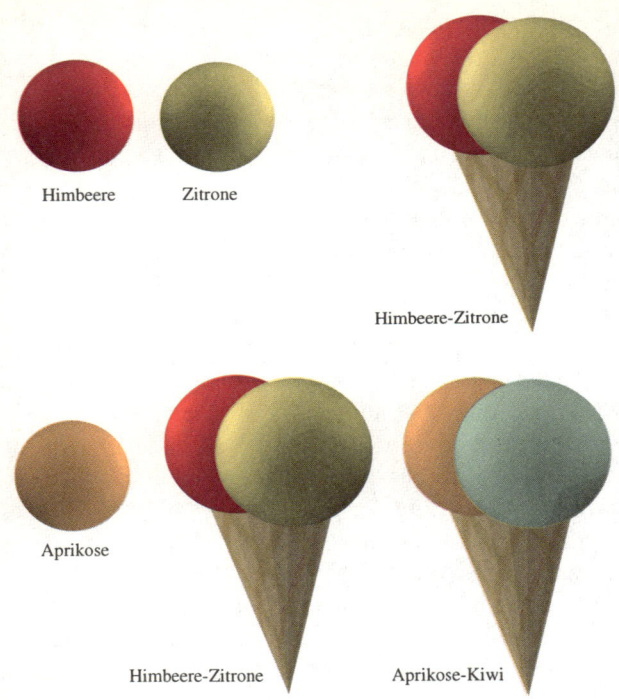

Himbeere Zitrone

Himbeere-Zitrone

Aprikose

Himbeere-Zitrone Aprikose-Kiwi

Neue Interpretation der geometrischen Grundbegriffe

»Punkt« = eine Geschmacks-
richtung, eine Kugel: Himbeere,
Zitrone, Aprikose, Kiwi.
»Gerade« = ein Eis mit zwei
Geschmacksrichtungen, mit zwei
Kugeln.
(Abb. oben) »Eine Gerade geht
durch einen Punkt« oder »Ein
Punkt liegt auf einer Geraden« =
wenn dieser Punkt (diese
Geschmacksrichtung) in dem Eis
vorkommt.
(Abb. unten) Parallelenaxiom: Zu
jeder »Geraden« (Himbeere-
Zitrone) und jedem »Punkt«, der
nicht »auf ihr liegt« (Aprikose),
gibt es genau eine »Gerade« (Eis:
Aprikose-Kiwi), auf der dieser
»Punkt« (Aprikose) »liegt« und
die mit der »Geraden« (Eis:
Himbeere-Zitrone) keinen »Punkt«
gemeinsam hat.

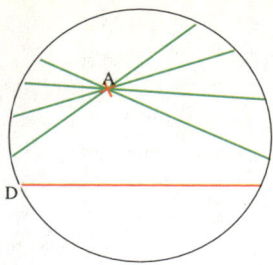

Eine Interpretation der Geometrie von Lobatschewski und Bólyai

In der Ebene existieren zu einer »Geraden« in einem nicht »auf ihr liegenden Punkt« wenigstens zwei »Geraden«, die erstere nicht schneiden. Das Kleinsche Modell wird im Rahmen der gewöhnlichen Ebene konstruiert. Dort wird

ein beliebiger Kreis K gezeichnet, und folgende Definitionen werden festgelegt:
Ein »Punkt« ist ein Punkt im Innern (nicht auf dem Rand) von K. Eine »Gerade« ist eine Sehne (ohne die Endpunkte) von K. A sei ein »Punkt« und D eine »Gerade«. A »liegt auf« D genau dann, wenn A auf D liegt.

liche‹ Bedeutung haben, sondern neu interpretiert werden: das sogenannte »Kleinsche Modell«. In diesem Modell sind die »Punkte« Punkte im gewohnten Sinn und befinden sich im Innern eines Kreises (nicht auf dem Rand). Die »Geraden« sind die Sehnen, deren Endpunkte sich auf dem Rand dieses Kreises befinden. Schließlich geht in diesem Modell eine »Gerade« durch einen »Punkt«, wenn im gewohnten Sinn die Sehne durch den Punkt geht (siehe Abbildung).

In dieser Interpretation ist das Parallelenaxiom falsch, aber Lobatschewskis und Bólyais Axiome sind wahr – insbesondere dasjenige Axiom, welches besagt, daß es zu einer »Geraden« und zu einem nicht auf ihr »liegenden Punkt« wenigstens zwei »Geraden« gibt, die erstere nicht »schneiden«. Die vier »Geraden« in der Abbildung zum

Beispiel »gehen« alle »durch« den »Punkt« *A*, und keine von ihnen »schneidet« die »Gerade« *D*.

Wenn Lobatschewskis und Bólyais Theorie widerspruchsvoll wäre, dann könnte man mit ihr irgend etwas und dessen Gegenteil beweisen. Wenn man wie im »Kleinschen Modell« die Grundbegriffe neu interpretiert, dann könnte man auch in der gewohnten euklidischen Geometrie eine Sache und deren Gegenteil beweisen, und somit wäre auch diese Geometrie widerspruchsvoll. Wir haben also die relative Widerspruchsfreiheit der Geometrie von Lobatschewski und Bólyai in bezug auf die euklidische Geometrie bewiesen. Die erstere ist demnach widerspruchsfrei, und das Parallelenaxiom kann nicht aus den übrigen euklidischen Axiomen abgeleitet werden. Mit einer ähnlichen Methode kann man beweisen, daß die Riemannsche Geometrie (in der zu einer Geraden in einem nicht auf ihr liegenden Punkt keine Gerade existiert, welche die erste nicht schneidet) ebenfalls widerspruchsfrei ist. Diese nichteuklidischen Geometrien sind lange Zeit ›Kuriositäten‹ geblieben, deren einziges Interesse darin lag, die Nichtbeweisbarkeit des Parallelenaxioms aufzuzeigen. Erst im 20. Jahrhundert haben sie sich als sehr effiziente Instrumente im Bereich der Physik erwiesen, vor allem in der allgemeinen Relativitätstheorie.

Diese neuen Interpretationen einer Theorie in einer anderen Theorie und die relativen Widerspruchsfreiheitsbeweise, die sich daraus ergeben, sind Gegenstand der Modelltheorie*. Diesem Teilgebiet der Logik, das in den dreißiger Jahren von Tarski und Gödel entwickelt wurde, gilt heute die größte Aufmerksamkeit.

Die Kontinuumhypothese

Die Modelltheorie konnte auch bei anderen kniffligen Problemen erfolgreich eingesetzt werden. Cantor etwa hatte gezeigt, daß es einige unendliche Zahlenmengen gibt, die gleich viele Elemente enthalten, aber auch solche, bei denen dies nicht der Fall ist. Es gibt zum Beispiel ebenso viele natürliche Zahlen wie gerade Zahlen, denn die natürlichen Zahlen und die geraden Zahlen können einander zugeordnet werden:

$$0 \longrightarrow 0$$
$$1 \longrightarrow 2$$
$$2 \longrightarrow 4$$
$$3 \longrightarrow 6$$

Es gibt aber mehr reelle Zahlen (ganze Zahlen oder Dezimalzahlen) als natürliche Zahlen, denn bei diesen beiden Zahlenmengen ist keine gegenseitige Zuordnung möglich.

Die natürlichen Zahlen bilden die »kleinste unendliche Menge«, das heißt, daß jede unendliche Zahlenmenge ebenso viele oder mehr Elemente enthält als die Menge der natürlichen Zahlen. Für Cantor hatte sich daraus die Frage ergeben, ob zwischen der Menge der natürlichen Zahlen und der Menge der reellen Zahlen weitere unendliche Zahlenmengen liegen, oder ob diese Mengen aufeinander folgen. Die sogenannte »Kontinuumhypothese*« Cantors besagt, daß diese Frage zu verneinen ist: Es gibt keine weiteren unendlichen Zahlenmengen. Bis in die sechziger Jahre blieb die Frage jedoch ungeklärt. Cantor gelang es nicht, seine Hypothese zu bestätigen. Die Frage war also, ob sich eine Menge konstruieren ließe, die mehr Elemente enthält als die Menge der natürlichen Zahlen, aber weniger

Elemente als die Menge der reellen Zahlen. Gödel hat 1940 gezeigt, daß dies unmöglich ist. Er tat dies aber nicht etwa, indem er nachwies, daß die Nichtexistenz einer solchen Menge in der Mengenlehre beweisbar sei, sondern indem er zeigte, daß ihre Existenz unbeweisbar ist. 1963 hat Paul Cohen (geboren 1934) nachgewiesen, daß die Nichtexistenz einer solchen Menge ebenfalls unbeweisbar ist. In der Mengenlehre bleibt also die Existenz einer solchen Menge ein unbestimmter Satz. Die Kontinuumhypothese kann nicht aus dem Axiomensystem hergeleitet werden. Die Widerspruchsfreiheitsbeweise von Gödel und Cohen setzen die Widerspruchsfreiheit des restlichen Axiomensystems voraus, sind also relative Beweise.

Die Vorstellung, daß die Erforschung der formalen Logik keine zusätzlichen Logiksysteme hervorbringt, beruht implizit auf der falschen Vorstellung, jedes Problem könne mit einer traditionellen Methode gelöst werden. Der Gödelsche Unvollständigkeitssatz hatte hingegen betont, daß man aus der Theorie, in der man Beweise führt, heraustreten muß, um sie von außen zu betrachten. Einige Probleme können infolgedessen nur gelöst werden, wenn man ein umfassenderes Logiksystem heranzieht. Dies ist unvermeidlich, wenn der zu beweisende Satz aus der Theorie, in der man ihn beweisen will, nicht abgeleitet werden kann, also unbestimmt ist – wie wir es im Falle des Parallelenaxioms und der Kontinuumhypothese gesehen haben. In diesen Fällen braucht man eine Beweistheorie, die Kontrollmethoden für die Entscheidbarkeit formaler Logiksysteme liefert.

Bessere Antworten

Die Auffassung, daß jeder Mensch von Natur aus logisch schließen kann, läßt sich schwerlich mit der Feststellung vereinbaren, daß sich verschiedene philosophische, politische oder religiöse Thesen, von denen wir im Laufe unseres Lebens gehört haben, in gewisser Weise gegenseitig widersprechen. In manchen Fällen sind wir bereit, Thesen, mit denen wir nicht übereinstimmen, Widerspruchsfreiheit zuzubilligen; dabei halten wir aber fest, daß sie sich auf Axiome (hier im Sinne von Grundsätzen) und Prinzipien stützen, die von den unsrigen abweichen. Meistens aber sind wir ganz einfach der Meinung, daß solche Thesen unbegründet sind und auf das logische Denkvermögen ihres Urhebers ein schlechtes Licht werfen.

Im 13. Jahrhundert hat Raimundus Lullus eine Kunstsprache entwickelt, um seine Zeitgenossen zum Christentum zu bekehren. Er glaubte nämlich, daß der Gebrauch einer solchen Sprache die Richtigkeit der christlichen Sichtweise und Argumentation verdeutlichen würde. Schon damals also vertrat Lullus implizit die These, daß das logische Denken keineswegs eine angeborene, naturgegebene Eigenschaft sei, die allen Menschen gleichermaßen zur Verfügung stünde. Vor allem die natürliche Sprache sei der Auslöser vieler logischer Mißverständnisse. Fünf Jahrhunderte später vertrat Leibniz sogar die Ansicht, daß politische und diplomatische Streitigkeiten von selbst verschwinden würden, wenn man sie in einer reinen Sprache formulieren würde.

Die Mathematik scheint weniger anfällig für solche Kontroversen zu sein als die Theologie oder die Politik. Auch wenn in der Mathematik die Konzepte klar definiert werden und so auf die Komplexität der natürlichen Sprachen zurückgehende Mißverständnisse beseitigt sind, zeigt die Geschichte der Mathematik doch, daß auch hier Auseinandersetzungen um die Richtigkeit der mathematischen Beweisführung ausgetragen wurden. Diese Auseinandersetzungen können sich auf zwei Bereiche beziehen: auf die Axiome und auf die Schlußregeln (die Deduktionsregeln).

Das unendlich Kleine

Die Axiome, die sich auf den Begriff einer »unendlich kleinen Größe*« beziehen, haben die Gemüter ganz besonders erregt und sind deshalb intensiv diskutiert worden. Isaac Newton (1642-1727) und Leibniz gebrauchten in der Infinitesimalrechnung ganz unbefangen unendlich kleine Zahlen (Größen), um zum Beispiel den Begriff des Differentialquotienten* zu definieren. Die Mathematiker des 19. Jahrhunderts, vor allem Augustin Cauchy (1789-1857), Bernard Bolzano (1781-1848), Karl Weierstraß (1815-1897) und andere haben diesen Begriff heftig kritisiert, denn ihrer Meinung nach mußte eine unendlich kleine Zahl kleiner sein als alle Zahlen, vor allem kleiner als deren Hälfte, und dies wäre ein Widerspruch. Sie haben also den Begriff abgelehnt und die Infinitesimalrechnung neu formuliert, indem sie auf unendlich kleine Größen verzichteten.

Die Erforschung der formalen Logik hat diesen seit über einem Jahrhundert vernachlässigten Begriff aufs neue ins

Spiel gebracht. In den sechziger Jahren unseres Jahrhunderts hat Abraham Robinson (1918-1974) sich intensiv mit den unendlich kleinen Größen beschäftigt (in Form der sogenannten Nichtstandardanalysis) und ihre Widerspruchsfreiheit gezeigt. Robinson hat, ohne auf Widersprüche zu stoßen, der Zahlentheorie ein Symbol *e* und Axiome hinzugefügt, die besagen, daß diese Zahl unendlich klein ist, das heißt, daß sie kleiner ist als 1, 1/2, 1/3, 1/4 usw. In der herkömmlichen Zahlentheorie würde sich ein Widerspruch ergeben, wenn man die Zahl *e* als die kleinste der verwendeten $1/n$ Zahlen interpretieren würde.

Robinsons Formulierung unterscheidet sich von der klassischen Fassung, die widersprüchlich ist, weil sie implizit ein einziges Axiom festgelegt hat, demzufolge für jede natürliche Zahl *n* gilt, daß *e* kleiner ist als $1/n$, anstatt für jede Zahl ein anderes Axiom festzulegen. So erlauben minimale Veränderungen in der Formulierung einer Theorie den Übergang von einer widerspruchsvollen zu einer widerspruchsfreien Theorie.

Das Studium der formalen Logik ermöglicht es also, die relative Widerspruchsfreiheit einzelner Theorien zu beweisen und aufzuzeigen, welche widerspruchsfreien Axiome man verwenden kann und welche widersprüchlich sind. Dies gilt, obwohl der zweite Gödelsche Unvollständigkeitssatz hinsichtlich der Mengenlehre gezeigt hat, daß sie eine widersprüchliche Theorie und somit unbrauchbar ist.

Der »Satz vom ausgeschlossenen Dritten«*

Auch die Schlußregeln wurden zum Gegenstand einer wissenschaftlichen Auseinandersetzung, die Anfang des 20. Jahrhunderts von Luitzen Egbertus Jan Brouwer (1881-1966) eröffnet wurde.

Wir haben bereits den unterschiedlichen Wahrheitsbegriff der Platoniker und Nominalisten erwähnt. Dabei handelte es sich lediglich um eine voneinander abweichende Deutung der Rolle des logischen Schließens, welche die Richtigkeit der Beweise selbst nicht zu berühren schien. Jemand kann einen Beweis führen, dem ein anderer zustimmt, auch wenn beide diesem Beweis nicht die gleiche Funktion zuweisen (für den einen *verdeutlicht* der Beweis in seinem Schlußsatz die Wahrheit, für den anderen *entsteht* die Wahrheit erst im Schlußsatz des Beweises). Interessant wird die Sache, wenn diese unterschiedliche Interpretation zu einer unterschiedlichen Definition dessen führt, was einen korrekten, richtigen Beweis ausmacht.

Kommen wir zurück zu Raymond Chandlers Roman *The Big Sleep*, der endet, ohne daß der Leser erfährt, wer der Mörder ist. Es herrscht Einigkeit darüber, daß die zwei Sätze »Der General hat den Chauffeur getötet« und »Der General hat den Chauffeur nicht getötet« unbestimmte (nicht ableitbare) Sätze sind.

Ein Platoniker würde geltend machen, man könne nicht wissen, ob der Satz »Der General hat den Chauffeur getötet« wahr oder falsch sei, obwohl der Satz an sich entweder wahr oder falsch sein müsse. Einer der beiden Sätze »Der General hat den Chauffeur getötet« und »Der General hat den Chauffeur nicht getötet« ist also wahr (auch wenn wir nicht wissen, welcher von beiden). Folglich ist der Satz »Der General hat den Chauffeur getötet, oder der General hat den Chauffeur nicht getötet« wahr.

Aus der Sicht der Nominalisten dagegen sind die Sätze »Der General hat den Chauffeur getötet« und »Der General hat den Chauffeur nicht getötet« einzeln genommen weder wahr noch falsch, weil es unbestimmte, nicht ableitbare Sätze sind. Da folglich keiner der beiden Sätze wahr ist, so ist der Satz »Der General hat den Chauffeur getötet, oder

der General hat den Chauffeur nicht getötet« auch nicht wahr, weil er ein unbestimmter Satz ist.

Aus Gründen, die mit seinem antiplatonischen Wahrheitsbegriff zusammenhängen, mußte Brouwer eine bestimmte Regel der klassischen Logik – den Satz vom ausgeschlossenen Dritten – ablehnen. Mit dieser Regel kann man den Satz »A oder nicht A« schlüssig beweisen, ohne den Satz »A« oder dessen Negation beweisen zu müssen. Einen Schluß oder einen Beweis, der auf diese Regel verzichtet, nennt man einen »intuitionistischen Beweis*«.

Für die Platoniker ist der Satz »nicht nicht A« gleichwertig mit dem Satz »A« (doppelte Negation), während in der intuitionistischen Logik diese zwei Sätze nicht zwangsläufig identisch oder gleichwertig sind. Der Gegensatz betrifft also die mathematische Praxis, denn er schließt eine unterschiedliche Definition des Beweisens bzw. des logischen Schließens mit ein.

Nehmen wir noch ein anderes Beispiel, das – im Unterschied zum vorhergehenden – ein echtes mathematisches Problem ist. Eine rationale Zahl ist eine Zahl, die sich als Quotient zweier ganzer Zahlen m und n darstellen läßt, das heißt in der Form m/n (wobei $n \neq 0$), also zum Beispiel 1/2, 1/3, 3/4 und so weiter. Die Quadratwurzel der Zahl 2 $(\sqrt{2})$ ist keine rationale Zahl, wie man schon seit der Antike weiß. Nun wollen wir den Beweis erbringen, daß eine nicht rationale Zahl, die in die Potenz $\sqrt{2}$ erhoben wird, eine rationale Zahl ergibt. Wenn man beweisen könnte, daß die Zahl $\sqrt{2}^{\sqrt{2}}$ eine rationale Zahl ist, dann wäre das Problem leicht zu lösen, indem man die Zahl $\sqrt{2}$ einsetzt: Sie ist eine nicht-rationale Zahl, die, in die Potenz $\sqrt{2}$ erhoben, $\sqrt{2}^{\sqrt{2}}$ ergibt, also eine (hypothetisch) rationale Zahl. Wenn man darüber hinaus noch beweisen könnte, daß die Zahl $\sqrt{2}^{\sqrt{2}}$ eine nicht-rationale Zahl ist, dann wäre das Problem ebenfalls leicht zu lösen, denn die

Zahl $\sqrt{2}^{\sqrt{2}}$ selbst wäre geeignet: Sie wäre (hypothetisch) eine nicht-rationale Zahl, und wenn man sie in die Potenz $\sqrt{2}$ erhebt, erhält man 2, also eine rationale Zahl.

Für den Platoniker ist die Tatsache, daß die Zahl $\sqrt{2}^{\sqrt{2}}$ eine rationale oder nicht-rationale Zahl ist, eine Tatsache an sich. Daß wir nicht von vornherein wissen, ob sie tatsächlich eine rationale oder eine nicht-rationale Zahl ist, hindert uns nicht daran zu vermuten, daß diese Zahl eine rationale oder eine nicht-rationale Zahl sein kann. Man hat also die Möglichkeit, den oben angeführten Satz zu beweisen, indem man feststellt, daß die Zahl $\sqrt{2}$ das Problem löst, wenn $\sqrt{2}^{\sqrt{2}}$ eine rationale Zahl ist, und daß die Zahl $\sqrt{2}^{\sqrt{2}}$ das Problem (ebenfalls) löst, wenn sie keine rationale Zahl ist. Dieser Beweis ist richtig, und er wäre auch dann richtig, wenn die Rationalität der Zahl $\sqrt{2}^{\sqrt{2}}$ eine Frage wäre, die nicht mit Hilfe der Axiome entschieden werden könnte.

Im Gegensatz dazu betonen die Intuitionisten*, daß die Zahl $\sqrt{2}^{\sqrt{2}}$ eine rationale Zahl ist, wenn man es beweisen kann. Sie ist keine rationale Zahl, wenn man beweisen kann, daß sie keine rationale Zahl ist. Wenn die Frage nicht eindeutig mit Hilfe der Axiome geklärt werden kann, dann ist $\sqrt{2}^{\sqrt{2}}$ weder eine rationale noch eine nicht-rationale Zahl. Das heißt also, solange man nichts bewiesen hat, kann man auch nicht annehmen, daß diese Zahl rational ist oder nicht; und dieser Beweis ist nicht schlüssig bzw. nicht gültig, weil er nicht geführt werden kann.

Konstruktive Beweise

Um den oben angeführten Satz im Sinne der Intuitionisten zu beweisen, muß man nachweisen, daß die Zahl $\sqrt{2}^{\sqrt{2}}$ eine rationale Zahl ist, oder den Beweis führen, daß sie keine rationale Zahl ist. In unserem Beispiel läßt sich der Beweis führen, daß $\sqrt{2}^{\sqrt{2}}$ keine rationale Zahl ist, und ein intuitionistischer Beweis konstruieren. In diesem Beweis ist es dann nicht mehr nötig, zwischen zwei möglichen Fällen zu unterscheiden. Es genügt nämlich die Feststellung, daß die Zahl $\sqrt{2}^{\sqrt{2}}$ das Problem löst, denn sie ist keine rationale Zahl, und man erhält eine rationale Zahl, wenn man sie in die Potenz $\sqrt{2}$ erhebt.

Zwischen dieser Art von Beweis und dem klassischen Beweis gibt es einen grundsätzlichen Unterschied. Der intuitionistische Beweis zeigt, daß es eine Zahl mit der erforderlichen Eigenschaft gibt. Er zeigt es, indem das Beispiel einer solchen Zahl angeführt wird. Der klassische Beweis begnügt sich mit dem Nachweis, daß es eine solche Zahl gibt, ohne jedoch ein konkretes Beispiel anzuführen, oder genauer gesagt, indem er zwei mögliche Beispiele angibt, ohne jedoch zwischen beiden zu entscheiden. Ein Existenzbeweis, der damit operiert, daß er ein Beispiel »konstruiert«, liefert eine zusätzliche Information. Das ist ein sogenannter konstruktiver Beweis. Was wir in unserem Spezialfall hervorgehoben haben, läßt sich auch generell feststellen: Ein intuitionistischer Beweis ist immer ein konstruktiver Beweis. In einem direkten Beweis ist das Beispiel explizit, also eindeutig. Um in einem indirekten Beweis zu einem Beispiel zurückzufinden, verwandelt man den indirekten Beweis in einen direkten Beweis.

Die Intuitionisten an die Macht?

Die Schlußregeln besitzen nicht den Charakter endgültiger Wahrheiten. Wie die Axiome die Bedeutung der in einer Theorie angewandten Wörter zum Ausdruck bringen, so drücken auch die Deduktionsregeln die Bedeutung von

Roulette

Der Intuitionist sagt, daß es besser sei zu warten, bis die Drehscheibe zum Stillstand gekommen ist. Erst dann könne man über die *Farbe reden, die gewonnen hat. Nach klassischer Auffassung weiß man schon, daß Rot oder Schwarz gewinnt, noch während sich die Scheibe dreht.* Ph. © Raynal-Saillet.

Wörtern wie »und«, »oder«, »wenn«, »für alle *x* gilt«, »es gibt ein *x*« etc. aus. Wenn man nun die Deduktionsregeln verändert und auf den Satz des ausgeschlossenen Dritten verzichtet, dann verändert man die Bedeutung dieser Wörter. Aus intuitionistischer Sicht drückt der Satz »Es gibt ein *x*, so daß A« aus, daß man einen Gegenstand mit der Eigenschaft »A« kennt. Nach klassischer Auffassung hebt dieser Satz nur hervor, daß es irgendwo einen Gegenstand geben muß, der diese Eigenschaft besitzt, auch wenn man ihn nicht genau orten kann.

Diese zwei Interpretationen der Wörter »und«, »oder«, »wenn«, »für alle *x* gilt«, »es gibt ein *x*« usw. müssen sich nicht zwangsläufig gegenseitig ausschließen. Es ist durchaus möglich, in derselben Symbolsprache Wörter im intuitionistischen Sinn und Begriffe im klassischen Sinn zu benutzen. Um beide Symbolsprachen zu integrieren, reicht es aber nicht, wenn man einfach ihre Deduktionsregeln vermischt. Denn diese Regeln definieren eine globale Bedeutung der Wörter »und«, »oder«, »wenn«, »für alle x gilt«, »es gibt ein x« usw.: Alle Regeln tragen gemeinsam zur Definition jedes einzelnen Wortes bei. Wenn man eine neue Regel hinzufügt, dann kann sich die Bedeutung aller Sprachsymbole verändern.

Gödel hat mehrere Methoden vorgeschlagen, um diese unterschiedlichen Begriffstypen in eine einzige Symbolsprache einzubauen. Er hat 1933 gezeigt, daß man die intuitionistischen Symbole in einer erweiterten klassischen Logik ausdrücken kann: mit dem neuen Ausdruck »Es gibt einen Beweis von ...«. Das intuitionistische »A oder B« wird gleichsam übersetzt in »Es gibt einen Beweis von ›A‹ oder es gibt einen Beweis von ›B‹«. In dieser Bedeutung des Wortes »oder« ist der Satz vom ausgeschlossenen Dritten ungültig, denn in der klassischen Logik kann man den Satz »Es gibt einen Beweis von ›A‹, oder es gibt einen Beweis von ›nicht A‹« nicht beweisen. Umgekehrt hat Gödel 1941 gezeigt, daß man die klassischen Ausdrücke in der intuitionistischen Logik verwenden kann. Das klassische »A oder B« wird mit dem Ausdruck »nicht nicht (A oder B)« formuliert. Der Satz vom ausgeschlossenen Dritten ist in dieser Bedeutung des Wortes »oder« gültig, denn der Satz »nicht nicht (A oder nicht A)« kann in der intuitionistischen Logik bewiesen werden. Ähnlich läßt sich das klassische »Es gibt ein x« in ein »Nicht nicht es gibt ein x« umformulieren. So kann man, von der oben angeführten klassischen Beweisführung ausgehend, einen intuitionistischen Beweis des Satzes »Nicht nicht es gibt eine nicht-rationale Zahl, die, in die Potenz $\sqrt{2}$ erhoben, eine rationale Zahl ergibt« konstruieren.

Die Diskussion zwischen Gegnern und Anhängern des *Tertium non datur* (des Satzes vom ausgeschlossenen Dritten) ist oft polemisch geführt worden. Für die Intuitionisten waren die klassischen Beweise falsch; die Anhänger der klassischen Mathematik wiederum beschuldigten die Intuitionisten, die Mathematik von innen zu zerstören. Im nachhinein könnte man aber sagen, daß der Intuitionismus dazu beigetragen hat, in den Diskurs einen differenzierteren Sinn der Wörter »und«, »oder«, »wenn«, »für alle x gilt«, »es gibt ein x« usw. einzubringen.

Welche Schlußregeln man in formalen Logiksystemen anwenden soll, ist also oft eine schwierige Frage, die so manche Diskussion auslösen kann. Die Erforschung der formalen Logik ist in diesem Zusammenhang sehr hilfreich: Sie zeigt zunächst, daß die Frage, ob man den Satz vom ausgeschlossenen Dritten annimmt oder ablehnt, vor allem eine Frage der Bedeutung der logischen Symbole ist. Darüber hinaus kann man formale Sprachen entwickeln, in denen intuitionistische und klassische Symbole kombiniert werden.

Vom Nutzen einer Beweistheorie

Den Wert und Nutzen einer Beweistheorie kann man folgendermaßen zusammenfassen: Zunächst hat es den Anschein, als ob wir es beim logischen Schließen mit Problemen der zweiten Stufe zu tun hätten. Und die Lösung mancher dieser Probleme erfordert selbstverständlich höhere Logiken. Des weiteren verlangen einige gewöhnliche Probleme ebenfalls eine Lösung der zweiten Stufe. Schließlich ist die Wahl der Axiome und der Deduktionsregeln zuweilen eine schwierige Angelegenheit. Eine Beweistheorie kann mitunter helfen, bestimmte Entscheidungen zu rechtfertigen.

Die Notwendigkeit, zur Lösung bestimmter Probleme auf die Metalogik zurückzugreifen, hängt häufig mit einer Eigenschaft der formalen Logik selbst zusammen. Beispielsweise wird man mit Problemen der zweiten Stufe konfrontiert, die verknüpft sind mit der Existenz von Methoden zur Lösung bestimmter Problemarten, weil die formale Logik nicht auf einen Kalkül reduziert werden kann. Einige gewöhnliche Probleme erfordern eine Lösung der zweiten Stufe, weil es in jeder Theorie unbestimmte Sätze gibt. Und es ist auch deshalb so schwierig, die richtigen Axiome auszuwählen, weil sich die Widerspruchsfreiheit einer Theorie nicht automatisch ergibt.

Es sind also zum großen Teil die Eigenschaften der formalen Logik selbst, die dazu führen, daß eine solche Theorie nützlich, ja sogar notwendig ist, um bestimmte Probleme zu lösen. So war die Entwicklung der Logik nicht nur ein notwendiger, sondern auch ein zu erwartender Schritt in der Geschichte des deduktiven Denkens.

Anhang

Glossar

Allgemeiner Satz (auch: Allsatz): Satz, der Ausdrücke enthält wie »für alle x gilt« oder »es gibt ein x«.

Antinomie: S. Widerspruch und Paradoxie.

Axiom: Ein Satz, der weder beweisbar ist noch eines Beweises bedarf. Ein wahrer Satz, der beim deduktiven Aufbau einer Theorie oder innerhalb einer abgeschlossenen Theorie ohne Beweis als Ausgangsthese akzeptiert wird und den Beweisen anderer Thesen innerhalb dieser Theorie zugrunde gelegt wird.

Beobachtung: In den empirischen Wissenschaften ein Mittel, um die Gültigkeit eines Satzes durch sinnliche Wahrnehmung zu beweisen.

Beweis, (Synonym = logischer Schluß): Eine logische Operation, in der man die Wahrheit einer Aussage mit Hilfe anderer Aussagen begründen kann. Bei dieser Operation wird, wenn die Prämissen wahr sind und die Regeln der Logik beachtet werden, die Wahrheit des Schlußsatzes gewährleistet.

Beweis (eines Satzes): Ein logischer Schluß ist der Beweis eines Satzes, wenn dieser Satz der Schlußsatz in einem logischen Schluß ist.

Burali-Forti: Italienischer Mathematiker (1861-1931), Professor in Turin. 1897 stieß er auf die Antinomie der Gesamtheit aller Ordinalzahlen: Wäre diese eine Menge, so hätte sie eine Ordinalzahl, die größer ist als alle Ordinalzahlen. Vgl. Mengenlehre.

Computer: Universelle Rechenmaschine, die jede beliebige Berechnung ausführen kann. Ein Computer kann auch als Beweismaschine definiert werden.

Deduktionsregel: Regel, die angibt, wie man einen Satz aus anderen Sätzen ableiten kann. Zum Beispiel kann man aus den Sätzen »Wenn A, dann B« und »A« den Satz »B« ableiten.

Differentialquotient: Zahl, die den Zuwachs einer Funktion in einem Punkt mißt. Newton und Leibniz definierten den Differentialquotienten einer Funktion f in einem Punkt x als das Verhältnis $f(x + e) - f(x)/e$, in dem e eine unendlich kleine Zahl ist.

Direkter Beweis: Beweis, der auf einem unbezweifelbaren Prinzip beruht, aus dem sich die Wahrheit der These unmittelbar ergibt. Ein solcher Beweis enthält keine Beweisschritte, wie etwa der Beweis eines allgemeinen Satzes, der dann auf einen speziellen Satz angewendet wird. Im Gegensatz dazu spricht man von einem indirekten Beweis, wenn man die Negation der zu beweisenden Behauptung als zusätzliche Annahme einführt mit dem Ziel, zunächst einen Widerspruch herzuleiten, um anschließend unmittelbar zu der Behauptung übergehen zu können.

Empirische Wissenschaften: Auch experimentelle Wissenschaften, Real- oder Erfahrungswissenschaften genannte Wissenschaften, die die sinnliche Wahrnehmung der Welt erforschen; im Gegensatz zu der Mathematik, deren Diskurs abstrakt und die eine »Wissenschaft der formalen Dinge« (D. Hilbert) ist.

Entscheidungsproblem: Die Frage, ob ein Kalkül zu einem Ergebnis führt oder ob er endlos fortgesetzt werden kann.

Epimenides: Ein griechischer Weiser, der am Anfang des 6. Jh. v. Chr. gelebt haben soll. Ihm wird oft die Paradoxie vom Lügner zugeschrieben, die auch Paradoxie oder Antinomie des Epimenides genannt wird und folgendermaßen aussieht:

> »Epimenides sagt: Die Kreter lügen«,
> »Epimenides ist Kreter«,
> »Epimenides lügt«.

Eine modernere Form dieses Paradoxons ist der Ausdruck: »Ich lüge«.

Epistemologie, Erkenntnistheorie: Philosophische Disziplin, die sich mit der Frage nach den Ursprüngen und Bedingungen, den Prinzipien und Methoden, den Zielen und Grenzen begründeten Wissens beschäftigt.

Geometrie: Teilgebiet der Mathematik, das Figuren in der Ebene und im Raum untersucht. Die Geometrie ist die erste von Euklid deduktiv aufgebaute Theorie und war lange der Prototyp der deduktiven Methode.

Gödelsche Unvollständigkeitssätze, unvollständig: Eine Theorie ist unvollständig, wenn man aus ihrem Axiomensystem weder alle logischen Folgerungen noch deren Negation ableiten kann.

Hilbert, Hilbertsches Programm: Ein Programm, das Anfang der zwanziger Jahre von dem deutschen Mathematiker David Hilbert entwickelt wurde. Hilbert wollte die diversen mathematischen Disziplinen aus vorgegebenen Axiomen durch logische Schlüsse entwickeln. Durch vollständige Logik-Kalküle sollten sämtliche Folgerungen aus dem jeweiligen Axiomensystem nach bestimmten Regeln gewonnen werden. Hilbert wollte außerdem zeigen, daß in mathematischen Theorien kein Widerspruch möglich ist, wenn diese Theorien aus geeigneten Axiomensystemen streng deduktiv entwickelt werden.

Individuenbereich (auch: Wertebereich): Gesamtheit aller Gegenstände, von denen in einer Theorie die Rede ist.

Induktion: Verfahren zum Beweis allgemeiner Aussagen, bei dem vom speziellen Einzelfall auf das Gesetzmäßige geschlossen wird. Die geläufigste Form der induktiven Methode liegt vor, wenn auf der Grundlage begründeter Einzelaussagen über Objekte aus einem bestimmten Bereich generelle Aussagen getroffen werden. In den empirischen Wissenschaften ist dies eine unverzichtbare Methode, obwohl mit ihr keine absolute Gewißheit erzielt werden kann und Ergebnisse nur als richtig anerkannt werden können, solange sie mit der Erfahrung übereinstimmen.

Intuitionisten, Intuitionismus: Richtung in der mathematischen Grundlagenforschung, die die Intuition als Grundlage der Mathematik und der formalen Logik betrachtet. Intuition ist die Fähigkeit, unmittelbar und ohne die Hilfe des logischen Schließens die Wahrheit zu finden. Die Intuitionisten lehnen die platonische Auffassung der Wahrheit und den Satz vom ausgeschlossenen Dritten (*Tertium non datur*) ab.

Intuitionistischer Beweis: S. konstruktiver Beweis.

Kalkül (aus einem Kalkül ableitbar): Ein Satz ist aus einem Kalkül ableitbar (kalkülmäßig ableitbar), wenn er in seiner Formulierung die erforderlichen Operationsregeln enthält, mit denen sich seine Gültigkeit (Wahrheit) beweisen läßt. In der Logik ist der Kalkül ein System von Zeichen und Figuren und den zugehörigen Operationsregeln, die sich ausschließlich auf die Form und nie auf den Sinn dieser Zeichen beziehen. In der Mathematik ist ein Kalkül eine durch ein System von Regeln fixierte formale Methode, mit deren Hilfe gewisse mathematische Probleme systematisch behandelt und automatisch gelöst werden können.

Kalkül (auf einen Kalkül reduzierbar): Eine Theorie kann auf einen Kalkül reduziert werden, wenn es ein Kalkülverfahren gibt, mit dem man entscheiden kann, ob ein Satz beweisbar ist oder nicht.

Kalkülmethode, Kalkülverfahren (auch: Logik-Kalkül): Systematisches Verfahren, mit dem man ein Objekt berechnen oder die Gültigkeit eines Satzes beweisen kann. Ein Kalkülverfahren ist partiell, wenn es zu einem Ergebnis führt oder endlos fortgesetzt werden kann. Im Gegensatz dazu steht die vollständige Methode, die immer zu einem Ergebnis führt.

Konklusion: Schlußfolgerung, Schlußsatz. Ein Satz, der mittels eines logischen Schlusses bewiesen wird. S. a. Prämisse.

Konstruktiver Beweis: In der konstruktiven Logik oder Mathematik ein Existenzbeweis mit der Angabe eines Konstruktionsverfahrens für das als existent behauptete konstruktive Objekt.

Kontinuumhypothese: Vom Begründer der Mengenlehre, Georg Cantor, formulierte Hypothese, die besagt, daß es zwischen der

Menge der natürlichen Zahlen und der Menge der reellen Zahlen keine weiteren unendlichen Mengen gibt. Die Kontinuumhypothese kann nicht aus dem Axiomensystem der Mengenlehre abgeleitet werden.

Logisches Schließen (logischer Schluß): Schluß, Beweis. Eine Folge von Sätzen, wobei jeder einzelne dieser Sätze entweder ein Axiom ist oder aus anderen vorausgegangenen Sätzen mit einer Schlußregel (Deduktionsregel) abgeleitet wurde.

Mathematik: Wissenschaft, die abstrakte und im allgemeinen unendliche Systeme untersucht. Ein mathematischer Diskurs basiert ausschließlich auf der formalen Logik.

Mengenlehre: Mathematische Theorie, die von den Mengen handelt. Mengen sind Zusammenfassungen von Objekten mit einer bestimmten gemeinsamen Eigenschaft. Die von Georg Cantor entwickelte Theorie der Mengenlehre war widersprüchlich. Cesare Burali-Forti entdeckte 1897 die Antinomie der Gesamtheit aller Ordinalzahlen, Bertrand Russell 1902 die nach ihm benannte Russellsche Antinomie (die Menge aller Mengen, die sich nicht selbst als Element enthalten). Auswege aus dieser kritischen Lage wiesen 1908 Zermelo (axiomatische Mengenlehre) und 1910 Whitehead und Russell mit der Idee einer Typentheorie.

Modelltheorie, Modelle: In der mathematischen Logik ist ein Modell die Interpretation eines Axiomensystems, derzufolge alle Axiome dieses Systems wahre Aussagen darstellen. Die mathematische Modelltheorie, begründet von Alfred Tarski, liefert grundlegende Verfahren für die Probleme der Vollständigkeit, Widerspruchsfreiheit und Definierbarkeit.

Nichteuklidische Geometrie: Eine Theorie, die auf das euklidische Parallelenaxiom verzichtet. Geometrie von Lobatschewski und Bólyai: In der Ebene existieren zu einer Geraden in einem nicht auf ihr liegenden Punkt wenigstens zwei Geraden, die erstere nicht schneiden. Riemannsche Geometrie: Zu einer Geraden in einem nicht auf ihr liegenden Punkt existiert keine Gerade, die die erstere nicht schneidet, das heißt, zwei Geraden schneiden sich immer.

Nominalisten: Die Nominalisten verneinen die Existenz abstrakter Objekte. Für die Nominalisten wird eine Aussage erst im Schlußsatz eines Beweises, eines logischen Schlusses, wahr. Es gibt demnach keine Wahrheit an sich (wie die Platoniker behaupten).

Paradoxie (Antinomie): In bestimmten Theorien der Gegensatz zwischen zwei Aussagen, die – obwohl sie einander ausschließen – beide bewiesen werden können.

Platoniker: Anhänger des Platonismus, in der Mathematik eine der beiden Grundrichtungen bei der Beantwortung der Frage nach der Natur mathematischer Abstraktionen. Der Platonismus geht davon aus, daß die Begriffe Zahl und Menge real und unabhängig von den Kenntnissen des Menschen über sie existieren. In diesem Sinne sind Sätze wahr oder falsch, unabhängig von den Beweisen, die die Wahrheit erst erbringen sollen. Im Gegensatz dazu vgl. die Sicht des Nominalismus.

Prämisse: Satz, der in einem logischen Schluß eine Hypothese darstellt. Die Prämissen eines logischen Schlusses müssen entweder Axiome sein oder Sätze, deren Gültigkeit in einem vorausgegangenen logischen Schluß bewiesen worden ist.

Relative Widerspruchsfreiheit: Elementarer Beweis, der zeigt, daß eine Theorie widerspruchsfrei ist, vorausgesetzt, eine andere Theorie ist widerspruchsfrei.

Rekursive Definition: Ein Axiom in der Theorie der natürlichen Zahlen. Man spricht der Zahl 0 eine bestimmte Eigenschaft zu. Wenn nun eine Zahl n und ebenso die Zahl $n + 1$ diese Eigenschaften besitzen, dann kann man sie allen darauf folgenden Zahlen zusprechen. Nehmen wir zum Beispiel die Eigenschaft $x + 0 = x$. »Wenn $0 + 0 = 0$ ist und wenn für jede Zahl n, $n + 0 = n$, dann ist $(n + 1) + 0 = n + 1$, und dann gilt für alle x, $x + 0 = x$.«

Satz vom ausgeschlossenen Dritten: Dieser Satz, auch das *Tertium non datur* genannt (lat., »Ein Drittes gibt es nicht«), ist ein Grundgesetz der aristotelischen Logik und gilt als die klassische Deduktionsregel. Er zeigt, »daß A oder nicht A gilt«, wobei weder

»A« noch »nicht A« bewiesen werden muß. Diese Regel wird von den Intuitionisten abgelehnt.

Sophismus: Trugschluß, der nicht auf einem Fehler, sondern auf bewußter Irreführung beruht, indem eine falsche Schlußfolgerung für wahr ausgegeben wird.

Theorie: In der Logik und in der Mathematik ein Axiomensystem.

Unbestimmter Satz: Satz, der in einer Theorie nicht deduktiv abgeleitet werden kann.

Unendlich kleine Größe: Begriff, den Isaac Newton und Gottfried Wilhelm Leibniz in der Infinitesimalrechnung gebrauchten. Die Widersprüchlichkeit in der »naiven« Theorie der unendlich kleinen Größen hat dazu geführt, daß die Mathematiker des 19. Jahrhunderts gänzlich auf diesen Begriff verzichteten. In den sechziger Jahren des 20. Jahrhunderts hat Abraham Robinson eine widerspruchsfreie Theorie der unendlich kleinen Größen entwickelt, die sogenannte Nichtstandard-Analysis.

Variable: In der formalisierten Sprache einer Theorie ein Buchstabe, den man verwendet, um einen unbestimmten Gegenstand zu bezeichnen. Gottlob Frege und Charles Sanders Peirce haben Variablen und Formeln wie »für alle x« und »es gibt ein x« vorgeschlagen, um allgemeine Sätze zu formulieren.

Vollständige Induktion: Form eines induktiven Schlusses, die einen allgemeinen Schlußsatz über eine ganze Klasse von Gegenständen infolge der Kenntnis sämtlicher Gegenstände dieser Klasse ermöglicht. Aus den Aussagen »Am Montag (Dienstag, Mittwoch, ... Sonntag) der vorigen Woche hat es geregnet« kann man zum Beispiel den richtigen Schluß ziehen, daß es in der vorigen Woche an jedem Tag geregnet hat.

Widerspruch (Paradox, Antinomie): Ein Widerspruch in einer Theorie liegt vor, wenn man in dieser Theorie eine Aussage *und* deren Negation beweisen kann.

Widerspruchsfreiheit: Eine mathematische Theorie ist widerspruchsfrei, wenn man in ihr nicht gleichzeitig eine Aussage und die Negation dieser Aussage beweisen kann.

Wissenschaftsgläubigkeit: Im Bereich der Logik ist die Annahme eines systematischen Verfahrens, mit dem man entscheiden kann, ob ein Satz beweisbar ist oder nicht, auf ein allzu großes Vertrauen in die Möglichkeiten der Wissenschaften zurückzuführen. Gleiches gilt für die Vorstellung, daß jedes Problem lösbar sei, und für die Annahme, formale Strenge sei ein Garant für die Zuverlässigkeit des logischen Schließens. Diese Hoffnungen sind durch Churchs, Turings und Gödels Ergebnisse zerstreut worden.

Literaturhinweise

Einführungen

ASSER, G., *Einführung in die mathematische Logik*, 3 Bde, Leipzig 1965.

BODDENBERG, E., *Logik I,* Frankfurt/M., Berlin, München 1975.

BORKOWSKI, L., *Formale Logik,* München 1977.

EBBINGHAUS, H.-D., FLUM, J., THOMAS, W., *Einführung in die mathematische Logik,* Darmstadt 1978.

ESSLER, W. K., *Einführung in die Logik,* Stuttgart, 2. Aufl 1969.

HASENJÄGER, G., *Einführung in die Grundbegriffe und Probleme der modernen Logik,* Freiburg i. Br., München 1962.

HERMES, H., *Einführung in die mathematische Logik. Klassische Prädikatenlogik,* Stuttgart, 5. Aufl. 1991.

KONDAKOW, N. J., *Wörterbuch der Logik, Hrsg. von E. Albrecht und G. Gasser,* Leipzig 1983.

MESCHKOWSKI, H., *Mathematik verständlich dargestellt,* München, Zürich, 2. Aufl. 1981.

LORENZEN, P., *Formale Logik,* Berlin, 3. Aufl. 1967.

QUINE, W. VAN ORMAN, *Grundzüge der Logik,* Frankfurt/M. 1981.

RUPPEN, P., *Einstieg in die formale Logik. Ein Lern- und Übungsbuch für Nichtmathematiker,* Bern u.a. 1996.

SEIFFERT, H., *Einführung in die Logik. Logische Propädeutik und formale Logik,* München 1973.

TARSKI, A., *Einführung in die mathematische Logik,* Göttingen 1966.

VARGA, T., *Mathematische Logik für Anfänger*, Band 1: *Aussagenlogik*, Berlin 1966. Band 2: *Prädikatenlogik*, Frankfurt/M., Zürich 1973.

ZICH, O., KOLMAN, A., *Unterhaltsame Logik*, Zürich, Frankfurt/M. 1973.

Logik und natürliche Sprachen

NEF, F., *La Logique du langage naturel* (Die Logik der natürlichen Sprache), Paris 1989.

Zu den Axiomen

HILBERT, D., *Grundlagen der Geometrie* (1899), Stuttgart 1956.
HILBERT, D., ACKERMANN, W., *Grundzüge der theoretischen Logik,* Berlin u.a., 5. Aufl. 1967.

Zur Mengenlehre

BARTEL, H., ANTHES, E., *Mengenlehre. Theoretische und didaktische Grundlagen,* München 1975.
BODDENBERG, E., SCHMITZ, G., *Mengenlehre und Logik,* Ratingen 1971.
EBBINGHAUS, H.-D., *Einführung in die Mengenlehre,* Darmstadt 1977.
HALMOS, P. R., *Naive Mengenlehre,* Göttingen, 2. Aufl. 1969.
HASSE, M., *Grundbegriffe der Mengenlehre und Logik,* Zürich, Frankfurt/M. 1970.
SEIFFERT, H., *Einführung in die Mathematik. Zahlen und Mengen,* München 1973.

Logik und Wirklichkeit

DUMMETT, M., *Les Origines de la philosophie analytique* (Die Ursprünge der analytischen Philosophie), Paris 1991.
MESCHKOWSKI, H., *Mathematik und Realität,* Mannheim 1979.
NEF, F., *Logique, Langage et Réalité* (Logik, Sprache und Wirklichkeit), Paris 1991.

Zu den Gödelschen Sätzen

GÖDEL, K., *Über formal unentscheidbare Sätze der Principia Mathematica und verwandter Systeme I,* in: Monatshefte für Mathematik und Physik 38 (1931), S. 173-198.
NAGEL, E., NEWMAN, J.R., *Der Gödelsche Beweis,* München 1992.

STEGMÜLLER, W., *Unvollständigkeit und Unentscheidbarkeit. Die metamathematischen Resultate von Gödel, Church, Kleene, Rosser und ihre erkenntnistheoretische Bedeutung,* Wien, New York, 2. Aufl. 1970.

Zum Intuitionismus

HEYTING, A., *Die formalen Regeln der intuitionistischen Logik,* Berlin 1930.
SCHÜTTE, K., *Vollständige Systeme modaler und intuitionistischer Logik,* Berlin, Heidelberg, New York 1968.

Zur Wahrheit in der Mathematik

MESCHKOWSKI, H., *Richtigkeit und Wahrheit in der Mathematik,* Mannheim, 2. Aufl. 1979.
STEGMÜLLER, W., *Das Wahrheitsproblem und die Idee der Semantik. Eine Einführung in die Theorien von A. Tarski und R. Carnap,* Wien 1957.

Register

DOMINO
Modernes Wissen bei

BLT

D O M I N O
Modernes Wissen bei

BLT

In Vorbereitung:

Weiterhin in Vorbereitung: